BOOKS BY FRANCE DUBIN

Merde, It's Not Easy to Learn French
Merde, French is Hard… but Fun!
Merde, I'm in Paris!

Petit déjeuner à Paris
Déjeuner à Paris
Dîner à Paris

Une famille compliquée

Meurtre rue Saint-Jacques
Meurtre avenue des Champs-Élysées
Meurtre à Montmartre

Visit her author page at francedubin.com

Merde, French is Hard… But Fun!

Volume 2

FRANCE DUBIN

Easy French Press

Easy French Press
Austin, Texas
easyfrenchpress.com

Copyright © 2019, 2020, 2021, 2022 France Dubin

All rights reserved.
Tous droits réservés.

ISBN: 978-1-0963-4226-7 (paperback)
979-8-9866352-3-1 (e-book)

INTRODUCTION

As a French teacher at Austin (Texas) Community College Continuing Education, I have taught hundreds of students. Most have two dreams. The first one is to travel to France and speak with the natives. The second one is to read their first novel in French!

Reading a book in French is a true milestone for a student. Unfortunately, it is not an easy task. French novels are usually full of idiomatic expressions. They use complicated tenses, complex sentence structures and often slang.

That is why I decided to write a series of three books in simple French about the joys and the frustrations of a student learning French. This is book two.

Bonne lecture !

CONTENTS

BOOKS BY FRANCE DUBIN i
INTRODUCTION v
ACKNOWLEDGMENTS ix
1 JOURNAL INTIME..1
2 DIARY 84
ABOUT THE AUTHOR... 162
ABOUT THE ILLUSTRATOR 164

ACKNOWLEDGMENTS

Je voudrais remercier mon mari Joe Dubin, mes enfants Zoë et Sam Dubin, Sarah Benson, Lelia Irby, Hasmukh Patel, Alexis Takvorian et tous mes étudiants.

I hope you enjoy this book! I also recommend the companion audiobook version so you can learn how to pronounce this beautiful language correctly. For information on where to buy the audiobook, visit my website at francedubin.com.

Merci beaucoup et bonne lecture !

France Dubin

francedubinauthor@gmail.com
Instagram: @books.in.easy.french

1 JOURNAL INTIME

Note : Je m'appelle Helen. Je suis américaine. J'ai raconté mon expérience du cours de français niveau 1 dans le livre « Merde, It's Not Easy to Learn French. »

Maintenant je suis étudiante en cours de français niveau 2. Voici mon aventure en français :

Dimanche 13 janvier

J'ai fait un beau rêve la nuit dernière. J'ai rêvé que j'étais dans un parc à Paris. Les fleurs étaient belles. Les enfants jouaient avec un ballon. Je me promenais dans le parc et je parlais sans effort en français. Quel beau rêve !

Demain, c'est ma première classe de français niveau 2.

Lundi 14 janvier

Aujourd'hui, j'ai commencé les cours de français niveau 2 ! J'étais très contente ! Les cours sont tous les lundis de quatorze heures à seize heures. La professeure s'appelle Madame France. Elle est française, petite et très amusante.

Quand je suis entrée dans la salle de classe, mon amie Sandra était déjà là.

Je lui ai dit : « Bonjour Sandra. Je suis contente de te voir. Comment vas-tu ? »

Elle m'a dit : « Je vais très bien. Et toi ? »

J'ai répondu : « Je vais bien aussi. Merci. »

Elle m'a demandé : « Qu'est-ce que tu as fait pendant les vacances de Noël ? »

J'ai cherché dans mon cerveau tous les mots en français.

J'ai dit : « J'ai mangé au restaurant. J'ai fait la cuisine. J'ai visité Dallas en Texas. »

Sandra a dit : « Non, on dit **au** Texas. »

J'ai répété : « Merci, Sandra. J'ai visité Dallas au Texas. Et toi ? »

Sandra a dit : « Moi, j'ai étudié mon français. »

Jo-Ann et Mark sont entrés dans la salle de classe.

- Bonjour les amies, a dit Mark.
- Bonjour !

Sarah, Terri et John sont entrés avec une femme que je ne connaissais pas.

Deux minutes après, Madame France, la professeure de français, est arrivée.

Elle a dit : « Bonjour, tout le monde ! Comment allez-vous ? »

Nous avons dit : « Très bien. »

Elle a dit : « Est-ce que vous avez travaillé le français pendant les vacances ? »

Sandra et John ont dit : « Oui ! »

Les autres étudiants ont dit : « Non ! »

Madame France a dit : « Avant de commencer la classe, je voudrais que tout le monde se présente. John, est-ce que tu veux commencer ? Tu peux dire ton prénom et pourquoi tu veux apprendre à parler français ? »

John a regardé tout le monde et il a dit : « Oui, je m'appelle John, et je veux parler français parce que ma fille habite en France. »

Après, tous les étudiants se sont présentés :

- Je m'appelle Sarah, et je suis comme John. Ma fille habite aussi en France.
- Moi, je m'appelle Sandra. Je veux parler français parce que je veux visiter Bordeaux.
- Je m'appelle Mark et j'aime les plages de Normandie.
- Moi, je m'appelle Terri. Mon petit-ami est français.
- Je m'appelle Jo-Ann. J'adore la France. J'ai visité Paris en novembre.

Madame France a demandé : « Et toi, Helen ? »

« Moi, j'ai dit, je veux muscler mon cerveau, et aussi je veux visiter Paris. »

La nouvelle femme a dit : « Moi, je m'appelle Janet. Je suis divorcée. Je veux aller à Paris. C'est mon cadeau de divorce ! »

Les femmes de la classe ont dit : « Bravo Janet ! C'est une excellente idée !!! »

Madame France a ouvert son grand sac noir. Elle a dit : « Prenez un stylo, nous allons faire un test. »

Tous les étudiants ont dit, étonnés : « Un test ? Vraiment ? »

Madame France a dit : « Oui, un test. C'est une révision de la classe français niveau 1. »

Madame France nous a donné une feuille de papier avec beaucoup de questions.

1- Traduire en français

Hello, how are you? ....

So-so. ....

My name is Melinda.
....

2- Donner le nombre suivant

dix, onze
onze, ...
vingt, ...
quatorze, ...
quinze, ...
dix-huit, ...
treize, ...

3- Conjuguer le verbe **être** au présent

je ....
tu ....
il, elle, on ....
nous ....
vous ....
ils, elles ....

4- Conjuguer le verbe **avoir** au présent

j' ....

tu ....
il, elle, on ....
nous ....
vous ....
ils, elles ....

5- Conjuguer le verbe **chanter** au présent

je ....
tu ....
il, elle, on ....
nous ....
vous ....
ils, elles ....

6- Mettre les phrases au négatif

J'aime manger au restaurant.
....
Angela chante dans la cuisine.
....
Lee et Rana visitent Paris.
....
J'ai vingt ans.
....

7- Traduire en français

I eat (some) bread. ....

I am eating (some) chocolate. ....
Kory is not ordering (any) wine. ....
(to order = commander)

8- Conjuguer le verbe **faire** au présent

je ....
tu ....
il, elle, on ....
nous ....
vous ....
ils, elles ....

9- Conjuguer le verbe **aller** au présent

je ....
tu ....
il, elle, on ....
nous ....
vous ....
ils, elles ....

10- Traduire en anglais les expressions avec **avoir**

avoir faim ....
avoir soif ....
avoir raison ....
avoir tort ....
avoir peur ....
avoir froid ....
avoir chaud ....

Tout le monde était très fatigué après le test.

Madame France a dit : « Nous allons nous arrêter pendant 10 minutes. Après, nous allons apprendre le passé composé. »

Après la pause, la professeure a dit : « C'est très facile. Pour parler au passé, on utilise souvent le passé composé. Pour faire le passé composé, on prend le verbe **avoir** au présent et on ajoute le verbe principal au participe passé. C'est très facile. Le participe passé des verbes en **ER** comme : parler, chanter, manger est : parlé, chanté, mangé. On change la fin du verbe, **er,** en **é**. C'est très facile. **I spoke** en français est **j'ai parlé**. **He sang** est **il a chanté**. **We ate** est **nous avons mangé**. C'est très facile. »

Madame France a dit « c'est très facile » quatre fois. Si on répète « c'est très facile » souvent, je pense que cela veut dire que ce n'est pas très facile. C'est ma théorie !

La professeure nous a donné un exercice.

Mettre les phrases au passé composé :

1- J'aime les jeunes hommes.

2- Tu travailles trop.

3- Il trouve trois euros dans le sac.

4- Elle adore le fromage.

5- Nous marchons dans les rues de Paris.

6- Je marche dans le caca de chien.

7- Vous donnez une rose.

8- J'oublie comment dire « shit » en français.

9- Elles mangent des croissants.

10- Ils cherchent le cul-de-sac.

À la fin du cours, Madame France nous a raconté une blague. Elle a dit : « Est-ce que vous savez pourquoi les Français aiment manger les escargots ?... Les Français aiment manger les escargots parce qu'ils n'aiment pas le fast-food ! »

Mardi 15 janvier

Je travaille maintenant dans une boutique pour chiens. Je travaille de huit heures à dix-sept heures, du mardi au samedi.

La boutique s'appelle **Hot Dogs**. Nous vendons des habits pour chiens : des manteaux pour l'hiver, des petits pulls en laine pour se promener au bord de la mer, des robes et des tee-shirts... Nous avons aussi une grande variété de nourriture pour chiens : des croquettes pour chiots, des croquettes pour chiens trop gros, des croquettes pour chiens trop maigres...

J'adore travailler chez **Hot Dogs**.

Jeudi 17 janvier

Quand j'ai ouvert la boutique ce matin, une vieille dame attendait sur le trottoir. Elle est entrée rapidement dans la boutique.

Elle a dit : « Je voudrais acheter un jouet pour mon chien. C'est bientôt son anniversaire. »

J'ai dit : « Suivez-moi. Je vais vous montrer ce que nous avons… Regardez ! Nous avons des petits jouets que les chiens adorent. Ils sont en forme de sandwich, en forme de saucisse, ou en forme de journal. Mais mon jouet préféré, c'est celui-là. »

Je lui ai montré un jouet en forme de Tour Eiffel.

Elle a dit : « J'adore. Combien coûte la Tour Eiffel ? »

J'ai dit : « Elle coûte six dollars. »

Elle a dit : « Fantastique. Je la veux. »

Après, la boutique était calme, alors j'ai essayé

d'étudier mon français.

J'ai surtout rêvassé. J'ai rêvé que j'étais dans un avion pour aller à Paris. Comme c'était un rêve, j'ai choisi la première classe. Dans mon rêve, j'ai demandé une coupe de champagne. J'ai mangé du caviar sur des toasts. Et mon siège était comme un vrai lit ! Ce rêve était merveilleux !

L'après-midi, une dame a poussé la porte de la boutique. Elle portait dans les bras un petit chien.

- Elle s'appelle Sugar. C'est une femelle. Elle est très gentille. Mais elle est très sale. Sugar a besoin d'un bain.
- Très bien. Je peux laver Sugar maintenant. Vous pouvez venir la chercher dans deux heures.
- Merci ! C'est parfait.

Chez Hot Dogs, nous lavons aussi les chiens !

J'ai lavé Sugar. C'est vrai, Sugar était très gentille. J'ai parlé français avec Sugar.

- Bonjour Sucre. Je m'appelle Helen. Comment vas-tu ?

Bien sûr, Sugar ne comprend pas le français. Pour moi, c'était bien de parler français avec un chien. J'ai peur de parler pendant le cours de français. Mais je n'ai pas peur de parler français avec un chien !

- Sucre, je vais mettre un peu d'eau sur toi. C'est bien ? Tu aimes ? Ce n'est pas trop chaud ? Ce n'est pas trop froid ?

Après le bain, Sucre était très belle.

Samedi 19 janvier

J'ai travaillé aujourd'hui. Mon premier client était un homme français ! Il avait une grande et belle moustache. Je voulais lui parler en français, mais je n'ai pas eu le courage. J'avais un peu peur.

Il a acheté un collier pour chien en velours. Il doit avoir un grand chien car il a acheté un grand collier.

Dimanche 20 janvier

Pas de travail ! Pas de boulot le dimanche ! Je reste au lit. Je peux faire la grasse matinée.

Le dimanche, mon chien Caramel a le droit de dormir sur mon lit. Il aime dormir à mes pieds.

D'habitude le dimanche, je me lève à dix heures du matin. Je bois une tasse de thé vert. Et je mange des tartines de pain avec du beurre.

Ensuite, je m'habille. Et je vais me promener avec Caramel. Nous allons dans un parc à côté de mon appartement.

Dans le parc, nous rencontrons des voisins. J'aime parler avec mes voisins. Nous parlons des restaurants que nous aimons, nous partageons des recettes, ou nous regardons les chiens jouer ensemble.

Lundi 21 janvier

Madame France nous a demandé de dire à haute voix le verbe **avoir**.

Tout le monde a dit :

j'ai
tu as
il, elle, on a
nous avons
vous avez
ils, elles ont

Maintenant, le verbe **manger** au passé composé :

j'ai mangé
tu as mangé
il, elle, on a mangé
nous avons mangé
vous avez mangé
ils, elles ont mangé

Maintenant, le verbe **avoir** au négatif :

je n'ai pas
tu n'as pas
il, elle, on n'a pas
nous n'avons pas
vous n'avez pas
ils, elles n'ont pas

Et enfin, le verbe **manger** au passé composé et au négatif :

je n'ai pas mangé
tu n'as pas mangé
il, elle, on n'a pas mangé

nous n'avons pas mangé
vous n'avez pas mangé
ils, elles n'ont pas mangé

Madame France a demandé : « Sarah, est-ce que tu as mangé des escargots ? »

Sarah a répondu : « Non, je n'ai pas mangé d'escargots. »

Madame France a demandé : « Terri, est-ce que tu as visité le Japon ? »

Terri a répondu : « Non, je n'ai pas visité le Japon. »

Madame France a demandé : « John, est-ce que tu as acheté des croissants ? »

John a répondu : « Non, je n'ai pas acheté de croissants. »

Madame France a demandé : « Mark, est-ce que tu as marché dans le parc ? »

Mark a répondu : « Non, je n'ai pas marché dans le parc. »

Madame France a demandé : « Sandra, est-ce que tu as porté une robe hier ? »

Sandra a répondu : « Non, je n'ai pas porté de robe hier. J'ai porté un pantalon bleu. »

Madame France a demandé : « Janet, est-ce que tu as parlé avec Mark ? »

Janet a répondu : « Non, je n'ai pas parlé avec Mark. »

Madame France a demandé : « Jo-Ann, est-ce que tu as visité le Canada ? »

Jo-Ann a répondu : « Oui, j'ai visité le Canada… Mais je n'ai pas visité Montréal au Canada. »

Madame France m'a demandé : « Helen, est-ce que tu as lavé un chien hier ? »

J'ai répondu : « Non, je n'ai pas lavé de chien hier. Je n'ai pas travaillé hier. »

Après, la professeure a demandé à Jo-Ann : « Tu as visité Paris en novembre. Est-ce que tu as passé de bonnes vacances ? Qu'est-ce que tu as fait ? »

Jo-Ann a dit : « J'ai marché, j'ai marché et j'ai marché, peut-être vingt kilomètres par jour. J'avais besoin de bonnes chaussures pour marcher dans Paris. J'ai été au Musée d'Orsay. J'ai mangé dans un restaurant qui s'appelle Le Train Bleu. Il est dans la gare de Lyon. C'est très beau. J'ai dégusté un chocolat chaud chez Angelina. J'ai acheté beaucoup d'objets au marché aux puces. J'ai regardé les personnes dans les rues. C'était fantastique ! »

John a demandé à Jo-Ann : « Est-ce que Paris est sale ? »

Jo-Ann a répondu : « Un peu, parfois… Mais c'est si beau. »

Terri lui a demandé : « Est-ce que tu as acheté des vêtements ? »

Jo-Ann a dit : « Oui, beaucoup de vêtements… J'ai acheté une très belle chemise aux Galeries Lafayette. »

Je lui ai demandé : « Est-ce que tu es restée dans un hôtel ou dans un appartement ? »

Jo-Ann m'a dit : « J'ai loué un petit appartement dans le 16ème arrondissement. Je pouvais voir la Tour Eiffel de la fenêtre de la cuisine. C'était magnifique. »

J'ai demandé : « Est-ce que tu peux me donner l'adresse de l'appartement. Je veux aller visiter Paris bientôt. »

Elle a répondu : « Bien sûr ! »

Madame France a demandé à Jo-Ann : « Est-ce que tu as pensé que les Français avaient des traditions étranges ? »

Jo-Ann a dit : « Oui ! Une tradition très étrange pour moi est la bise. Je ne comprends pas la bise. »

La professeure a dit : « Tu as raison, faire la bise, c'est très étrange. Mais moi, je suis habituée. Quand on rencontre la famille, des amis, des amis d'amis, on fait la bise. Parfois, il faut faire la bise à vingt personnes ! Il faut faire la bise pour dire bonjour et pour dire au revoir. C'est un vrai travail ! »

Terri a demandé : « Et combien de bises est-ce que l'on doit faire ? »

Madame France a répondu : « Alors là, c'est compliqué. Je vais vous montrer la carte de France des bises. »

La professeure nous a montré la carte des bises en France.

« Quand je suis à Paris, a dit Madame France, je fais deux bises à mes amies parisiennes. Mais quand je suis à Lyon, je fais trois bises à mes amies lyonnaises. »

La professeure a donné un exercice. Mettre les phrases au négatif.

1- J'ai fait trois bises à mon amie.
……………………………………………

2- J'ai raté mon train.
……………………………………………

3- Incroyable ! Il a rangé la salle de bains.
……………………………………………

4- Nous avons parlé de politique.
……………………………………………

5- Ils ont mangé une pomme pourrie.
……………………………………………

6- Elle a fait pipi dans la piscine.
……………………………………………

7- Nous avons bu trop de vin.
……………………………………………

8- J'ai cuisiné une tarte Tatin.
……………………………………………

9- Tu as trouvé un billet de vingt euros.

....

10- Il a lavé la vaisselle.

....

Mardi 22 janvier

Cet après-midi, beaucoup de chiens sont venus dans le magasin. J'ai vu des chiens de toutes les tailles : des grands, des moyens, des petits... et des minuscules.

Le plus petit s'appelait Bouton. Il avait des poils très courts comme une brosse à dents.

Bouton avait peur dans le magasin. Il tremblait comme une feuille. Sa maîtresse lui a acheté un petit pull noir avec les mots « Je suis un rebel » écrit dessus.

Quand je suis rentrée chez moi, Caramel, mon chien, a senti mon pantalon. Il a senti toutes les odeurs des chiens qui sont passés dans le magasin. Mon pantalon, c'était un peu comme un journal pour lui.

Jeudi 24 janvier

J'ai reçu un email de Janet aujourd'hui. Janet est une étudiante du cours de français niveau 2.

```
À : Helen@gmail.com
Bonjour Helen,
Je suis dans le cours de français 2
avec toi. Je suis la femme
divorcée. Je veux aller à Paris. Je
ne veux pas aller à Paris seule.
Est-ce que je peux aller à Paris
avec toi ?
```

Je suis très étonnée par la proposition de Janet.

Vendredi 25 janvier

L'homme français avec la belle moustache est venu dans la boutique. Aujourd'hui, j'étais courageuse.

Je lui ai dit : « Bonjour, je m'appelle Helen. »

Et il a dit : « Bonjour, je m'appelle Jean-Pierre. »

Je ne savais pas si je devais lui faire la bise, alors je n'ai rien fait. J'ai seulement demandé : « Qu'est-ce que vous voulez acheter ? »

Il m'a parlé très lentement : « Je voudrais une laisse, s'il vous plaît. »

Il a acheté une grosse laisse en cuir et il est parti.

Samedi 26 janvier

J'ai pensé à la proposition de Janet. Est-ce que c'est une bonne idée d'aller à Paris avec elle ?

Voici les avantages : avoir une amie pour partager les expériences. Cuisiner ensemble.

Voici les inconvénients : elle est peut-être ennuyeuse. Elle est peut-être bavarde. Elle est peut-être somnambule. Elle est peut-être stupide.

Conclusion : je ne sais pas.

Dimanche 27 janvier

Je n'ai rien fait aujourd'hui. Je suis restée en pyjama toute la journée. J'ai cuisiné des madeleines. Et je les ai mangées avec mon chien Caramel. Ensuite nous avons regardé un film français à la télévision.

Lundi 28 janvier

Madame France est arrivée dans la salle de classe avec un gâteau aux fraises.

Elle a dit : « Bonjour tout le monde. Aujourd'hui, c'est mon anniversaire. J'ai cinquante ans. »

Nous avons tous crié : « Joyeux anniversaire !!! »

Ensuite, la professeure a coupé le gâteau et nous l'avons mangé. C'était très bon.

Nous avons demandé à Madame France si elle était contente d'avoir cinquante ans.

Elle a dit : « Non ! »

Nous avons demandé : « Pourquoi ? »

Elle a dit : « Parce que cinquante ans, c'est l'âge de la première coloscopie ! »

Après le gâteau, nous avons appris le verbe **vouloir** au présent :

je veux
tu veux
il, elle, on veut
nous voulons
vous voulez
ils, elles veulent

Et au passé composé :

j'ai voulu
tu as voulu
il, elle, on a voulu
nous avons voulu
vous avez voulu
ils, elles ont voulu

Nous avons fait un exercice avec le verbe **vouloir** au **présent**.

1- Je .... boire du champagne tous les jours.

2- Nous .... plus de vacances.

3- Vous .... changer le monde.

4- Elles .... un salaire équivalent à celui des hommes.

5- Il .... manger des crêpes salées.

Finir les phrases avec le verbe **vouloir** au **passé composé**.

1- J'............ .... prendre un bain avec toi.

2- Ils .... arrêter la télévision.

3- Nous .... partir sans payer.

4- Vous .... acheter un médicament au Mexique.

5- Il .... vendre sa belle-mère sur eBay.

Madame France a dit : « Après le verbe vouloir, nous allons travailler un dialogue. La scène se passe dans un café. Mark, tu vas faire le serveur et toi Terri, tu vas faire la cliente. »

Terri et Mark ont commencé à jouer comme au théâtre. C'était très amusant.

Le serveur : Bonjour, madame. Qu'est-ce que vous voulez ?

La cliente : Je veux un chocolat chaud, s'il vous plaît.

Le serveur : Est-ce que vous voulez du sucre avec votre boisson ?

La cliente : Non merci, je ne veux pas de sucre. Mais je veux un verre d'eau avec des glaçons.

Le serveur : Un verre d'eau avec des glaçons ? C'est très bizarre !

La cliente : Je veux aussi vingt-neuf croissants.

Le serveur : Vous aimez beaucoup les croissants !

La cliente : Oui, c'est vrai. Est-ce que je peux avoir de la confiture aussi ?

Le serveur : Bien sûr.

La cliente : J'ai très faim.

Le serveur : Voici du chocolat chaud, des croissants et de la confiture.

La cliente : C'est parfait. Est-ce que je peux avoir l'addition ?

Le serveur : Oui.

La cliente : Merci !

Tout le monde a crié : « Bravo !!! Encore !!! Bravo !!! »

Madame France a dit : « Très bon travail ! C'est très bien. Qui veut faire un autre dialogue au café ? »

J'ai pensé : Pas moi. Je suis trop timide. Et je ne veux pas parler français maintenant. J'ai regardé mes chaussures.

La professeure a dit : « Qui veut essayer ? Personne ? »

Silence dans la classe.

La professeure a dit : « Bon alors, c'est moi qui choisis… Je choisis… Helen et Sarah. Sarah, tu es la serveuse. Helen, toi, tu es la cliente. »

J'ai pensé : « Merde ! »

Mes jambes tremblaient un peu.

La serveuse : Bonjour, Madame. Est-ce que vous voulez boire quelque chose ?

La cliente (moi) : Oui… une coupe de champagne.

La serveuse : Très bien, madame. Est-ce que vous voulez manger quelque chose ?

La cliente (moi) : Oui… Je voudrais un croque-monsieur…

La serveuse : Une coupe de champagne et un croque-monsieur. Et quelque chose d'autre ?

La cliente (moi) : Non, merci.

Tout le monde a dit : « Bravo !!! »

Madame France a dit : « C'est pas mal. »

Je suis allée m'asseoir. Mes jambes tremblaient encore.

Madame France a dit : « Vous savez qu'on boit le champagne dans une flûte ou dans une coupe. On dit que la première coupe de champagne a été faite d'après le sein de la Marquise de Pompadour, la maîtresse de Louis XV. »

C'est une anecdote amusante, mais je ne sais pas si elle est vraie...

Mardi 29 janvier

Je n'ai pas eu le temps de parler avec Janet sur le

voyage à Paris. Je vais lui écrire un email en français.

```
À : Janet@gmail.com
Bonjour Janet,
Est-ce que tu veux parler du voyage
à Paris ?
```

Elle a répondu tout de suite.

```
À : Helen@gmail.com
Bonjour Helen,
Oui. Quand ?
```

Je n'ai pas répondu tout de suite. Je vais lui répondre demain.

(?)

Jeudi 31 janvier

J'ai répondu à Janet.

```
À : Janet@gmail.com
Bonjour Janet,
Rendez-vous au café de la rue
Cardin.
Est-ce que dimanche 3 février à 11
heures du matin, c'est bon pour
toi ?
```

Elle a répondu.

À : Helen@gmail.com
Bonjour Helen,
Oui. C'est bon pour moi.

Vendredi 1 février

L'homme français avec la belle moustache est venu dans la boutique aujourd'hui. Il portait un pantalon vert et une chemise jaune. Il était comme une fleur de tournesol.

– Bonjour Jean-Pierre ! Comment allez-vous ?
– Bonjour Helen. J'ai la pêche !
– J'ai la pêche ? Je ne connais pas cette expression.
– J'ai la pêche, veut dire, j'ai la forme… Je vais très bien.
– D'accord. Je comprends.

Il a acheté une grande muselière en cuir.

- C'est vingt-deux dollars.
- Voilà vingt-deux dollars.
- Merci, monsieur !

Il est parti. J'étais très heureuse de pouvoir parler un peu en français !

Samedi 2 février

Demain, j'ai rendez-vous avec Janet. Je ne sais pas si c'est une bonne idée de partir en France avec une personne que je ne connais pas.

Si elle est très riche, elle va vouloir manger dans des restaurants très chers. Elle va vouloir faire du shopping chez Chanel ou chez Dior.

Dimanche 3 février

Janet est arrivée au café. Elle portait un grand manteau noir très chic. Elle a commandé un café au lait et moi, un thé avec du citron.

- Bonjour, Janet.
- Bonjour, Helen.

- Janet, je voudrais passer plus de temps avec toi pour savoir si nous pouvons voyager ensemble.
- Très bonne idée, a dit Janet. Est-ce que tu veux aller au cinéma avec moi dimanche prochain ?
- Oui. Je ne travaille pas dimanche.
- Très bien. À dimanche, Helen.
- À dimanche, Janet.

Lundi 4 février

Aujourd'hui, Madame France a dit : « Nous allons apprendre les nombres de 1 à 100. Vous allez voir, c'est très facile. »

Je n'aime pas quand Madame France dit que « c'est très facile. »

Elle a commencé à compter. Et nous avons répété.

0 – zéro
1 – un
2 – deux
3 – trois
4 – quatre
5 – cinq
6 – six
7 – sept
8 – huit

9 – neuf
10 – dix
11 – onze
12 – douze
13 – treize
14 – quatorze
15 – quinze
16 – seize
17 – dix-sept
18 – dix-huit
19 – dix-neuf
20 – vingt
21 – vingt **et un**
22 – vingt-deux
23 – vingt-trois
24 – vingt-quatre
25 – vingt-cinq
26 – vingt-six
27 – vingt-sept
28 – vingt-huit
29 – vingt-neuf
30 – trente
31 – trente **et un**
32 – trente-deux
33 – trente-trois
34 – trente-quatre
35 – trente-cinq
36 – trente-six
37 – trente-sept
38 – trente-huit
39 – trente-neuf

40 – quarante
41 – quarante **et un**
42 – quarante-deux
43 – quarante-trois
44 – quarante-quatre
45 – quarante-cinq
46 – quarante-six
47 – quarante-sept
48 – quarante-huit
49 – quarante-neuf
50 – cinquante
51 – cinquante **et un**
52 – cinquante-deux
53 – cinquante-trois
54 – cinquante-quatre
55 – cinquante-cinq
56 – cinquante-six
57 – cinquante-sept
58 – cinquante-huit
59 – cinquante-neuf
60 – soixante
61 – soixante **et un**
62 – soixante-deux
63 – soixante-trois
64 – soixante-quatre
65 – soixante-cinq
66 – soixante-six
67 – soixante-sept
68 – soixante-huit
69 – soixante-neuf

« Attention ! a dit Madame France. Maintenant, c'est un peu bizarre. Pour dire 70 en français, on dit soixante-dix. »

« Mais pourquoi ??? » a demandé John, paniqué.

« Je ne sais pas, a répondu Madame France. Allez, on continue… »

70 – soixante-dix (60 + 10)
71 – soixante **et onze** (60 + 11)
72 – soixante-douze (60 + 12)
73 – soixante-treize
74 – soixante-quatorze
75 – soixante-quinze
76 – soixante-seize
77 – soixante-dix-sept
78 – soixante-dix-huit
79 – soixante-dix-neuf

Madame France a dit : « C'est bizarre, non ? »
Nous avons répondu tous ensemble : « Oui, très bizarre ! »

80 – quatre-vingts

Janet a dit : « J'aime dire quatre-vingts, parce que c'est comme quatre verres de vin. »

81 – quatre-vingt-un
82 – quatre-vingt-deux
83 – quatre-vingt-trois
84 – quatre-vingt-quatre
85 – quatre-vingt-cinq
86 – quatre-vingt-six
87 – quatre-vingt-sept
88 – quatre-vingt-huit
89 – quatre-vingt-neuf

Et comme pour soixante-dix, 90 est quatre-vingt-dix.

90 – quatre-vingt-dix
91 – quatre-vingt-onze
92 – quatre-vingt-douze
93 – quatre-vingt-treize
94 – quatre-vingt-quatorze
95 – quatre-vingt-quinze
96 – quatre-vingt-seize
97 – quatre-vingt-dix-sept
98 – quatre-vingt-dix-huit
99 – quatre-vingt-dix-neuf
100 – cent

Maintenant j'ai besoin de faire la sieste. Je suis très

fatiguée.

Mais pas de sieste pour moi. Nous avons fait un exercice.

1- Quarante-deux + un = ...

2- Cinquante-trois + un = ...

3- Soixante-six + un = ...

4- Douze + un = ...

5- Dix-neuf + un = ...

6- Soixante-neuf + un = ...

7- Soixante-dix-neuf + un = ...

8- Treize + un = ...

9- Quatre-vingt-neuf + un = ...

10- Quatre-vingt-dix-neuf + un = ...

Madame France a dit : « Est-ce que vous pouvez me donner un numéro que vous aimez en français ? Et aussi, me dire pourquoi vous aimez le numéro ? Je vais noter les numéros. Après la classe, je vais acheter un ticket de loto… »

Terri a dit : « Vingt-quatre. J'aime ce numéro parce que c'est l'âge de mon petit-ami. »

Sandra a dit : « Onze, parce que c'est l'arrondissement de Paris où était mon hôtel. »

Mark a dit : « Quarante-quatre, parce que c'est l'année du débarquement de Normandie. »

John a dit : « Soixante-neuf, parce que… »

Madame France a crié : « Non ! John, je ne veux pas le savoir ! »

Sarah a dit : « Trois, parce que j'ai trois petits-enfants. »

Jo-Ann a dit : « Soixante, parce que c'est mon âge. »

Janet a dit : « Vingt-neuf, parce que j'ai divorcé le vingt-neuf novembre. »

Et moi, j'ai dit : « Vingt, parce que j'aime le vin. Et vous ? »

Madame France a dit : « Cinquante, parce que j'ai cinquante ans. Maintenant, imaginons que nous gagnons trois cents millions de dollars. Qu'est-ce que nous allons faire avec l'argent ? »

Mark a dit : « Nous allons habiter en Normandie ! »

Janet a dit : « Nous allons arrêter de travailler ! »

Sarah a dit : « Nous allons ouvrir une librairie. J'aime les livres ! »

John a dit : « Nous allons vivre dans une île du Pacifique. »

Sandra a dit : « Nous allons acheter un avion pour voyager ! »

Terri a dit : « Nous allons acheter un château ! »

Jo-Ann a dit : « Nous allons déménager à Paris. »

Et moi, j'ai dit : « Nous allons donner beaucoup d'argent aux animaux ! »

Après, nous avons étudié le verbe **pouvoir** au présent :

je peux
tu peux
il, elle, on peut
nous pouvons
vous pouvez
ils, elles peuvent

Et le passé composé du verbe **pouvoir** est :

j'ai pu
tu as pu
il, elle a pu
nous avons pu
vous avez pu
ils, elles ont pu

Et bien sûr, nous avons fait un exercice. Faire les phrases avec le verbe **pouvoir** au **présent** et ensuite au **passé composé**.

1- Vous .... boire quatre verres de champagne.

2- Elles .... dormir toute la journée.

3- Nous .... danser toute la nuit.

4- Il .... rester un mois sans prendre un bain.

5- Pierre .... aller au cinéma.

6- Caroline et Glenn .... manger des fromages très forts.

7- Tu ne .... pas manger d'huîtres.

8- Je ne .... pas vivre où il fait froid.

9- Ilsa .... parler français.

10- Ils ne .... pas partir avant de plier les serviettes.

Je suis rentrée à la maison et j'ai fait la sieste pendant deux heures. J'ai rêvé que j'habitais dans un château en Normandie entourée de chiens et de livres. Le paradis !

Mardi 5 février

Aujourd'hui, c'était très calme dans la boutique pour chiens. J'ai pu faire mes devoirs. J'ai écrit toutes les phrases avec le verbe pouvoir au présent et au passé composé.

À midi, un homme est entré dans la boutique avec son chien, un dalmatien. J'adore les dalmatiens. Ils sont très chics avec leurs poils blancs et noirs.

L'homme a dit : « Mon chien mange tout et tout le temps. Je voudrais trouver de la nourriture spéciale pour chien obèse. »

J'ai répondu : « Suivez-moi. »

Nous avons marché jusqu'au rayon de la nourriture spécialisée.

Quand nous sommes revenus à la caisse, nous avons remarqué que le dalmatien mangeait quelque chose.

L'homme a dit : « Qu'est-ce que tu manges ? Ouvre la bouche ! »

Le chien mangeait mes devoirs !

Mercredi 6 février

Jean-Pierre, le Français, est venu dans la boutique. Maintenant, je peux lui parler en français.

- Bonjour Monsieur Jean-Pierre, comment allez-vous ? Est-ce que vous avez la pêche aujourd'hui ?
- Oui, j'ai la pêche, merci ! Et vous Helen ?
- Moi aussi, j'ai la pêche ! Il fait beau aujourd'hui.
- Oui, il fait beau.
- Qu'est-ce que vous voulez acheter aujourd'hui ?
- Je voudrais acheter un grand collier en cuir.

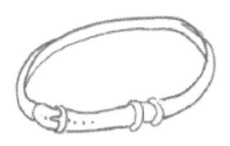

J'étais contente toute la journée. J'avais parlé français avec un Français et il avait compris ! Quelle sensation extraordinaire !!

Jeudi 7 février

Une journée avec des numéros...

Aujourd'hui, j'ai vu onze chiens. J'ai vendu douze sacs de nourriture pour chien. J'ai trouvé deux puces. J'ai fait cinq cent soixante-treize pas. J'ai mangé deux kiwis et vingt-trois raisins. J'ai envoyé quatre emails.

Vendredi 8 février

Aujourd'hui, une dame est entrée dans la boutique avec un petit caniche blanc.

Elle a dit : « Jean-Pierre est mon voisin. Il m'a dit que vous parlez français ? »

J'ai dit : « Oui. Un peu… J'apprends le français. »

Elle a continué : « J'ai un bébé chien, un chiot. Je voudrais lui trouver un nom français. Est-ce que vous pouvez m'aider ? »

J'ai dit : « Je vais réfléchir. C'est un mâle ou une femelle ? »

Elle a dit : « Une femelle. Je reviens demain. Merci !! »

Toute la journée, j'ai pensé à des noms de chienne possibles : Cerise, Fraise, Nuage, Chérie…. J'ai cherché des idées dans le dictionnaire.

Samedi 9 février

La dame est revenue avec son caniche blanc.

Elle a demandé : « Alors ? Vous avez trouvé un nom pour mon caniche ? »

J'ai dit : « Oui. J'ai quelques idées. J'ai pensé à Bisous, Colette, Blanche ou Crème Fraîche… Mais le nom que je préfère est Neige. »

Elle a dit : « J'adore Neige. C'est parfait ! »

Elle est partie très contente avec sa petite chienne Neige.

Dimanche 10 février

J'avais rendez-vous avec Janet devant le cinéma. Quand je suis arrivée, j'ai vu Janet et Mark. J'étais étonnée.

Janet a dit : « J'ai invité Mark parce que le film se passe en Normandie. »

J'ai dit : « D'accord. »

En fait, le film ne se passe pas en Normandie. Il se passe en Chine. Et la Chine, c'est très loin de la Normandie.

Lundi 11 février

Madame France a crié : « Nous avons gagné ! Nous avons gagné ! »

Terri a demandé : « Qu'est-ce que nous avons gagné ? »

Madame France a dit : « La semaine dernière, nous avons joué au loto. Et nous avons gagné ! C'est incroyable ! »

Jo-Ann a demandé : « Combien est-ce que nous avons gagné ? »

Madame France a dit : « Une minute... je pose mon sac sur la table et je vous raconte tout ! »

Madame France a posé son grand sac sur la table. Toute la classe était silencieuse. Nous attendions. Quel suspens ! Peut-être que nous étions riches !!

Après des secondes interminables, Madame France a sorti un billet de loto de son sac.

Et elle a dit : « Nous avons joué les numéros trois, onze, vingt, vingt-quatre, vingt-neuf, quarante-quatre, cinquante, soixante et soixante-neuf. Nous avons eu quatre bons numéros ! Nous avons gagné quarante-six dollars ! C'est fantastique ! Non ? »

Pour être honnête, tout le monde était déçu ! On avait imaginé un château, un jet privé, des restaurants exceptionnels, du shopping dans des boutiques très chics... Et nous avions seulement gagné quarante-six dollars !

Madame France a dit : « Est-ce que vous savez combien coûte une bouteille de champagne ? »

Nous avons répondu : « Non. »

Madame France a dit : « Eh bien, une bonne bouteille de champagne coûte environ quarante-six dollars. Donc, pour la fête de notre dernier cours, nous allons boire du champagne. C'est fantastique ! Non ? »

Madame France était tellement enthousiaste que nous avons dit : « Fantastique ! »

Mais les rêves de vivre comme des rois sont partis en fumée. Merde !

La professeure a dit : « Aujourd'hui, nous sommes le onze février. Jeudi, c'est le quatorze février, le jour de la Saint-Valentin. Alors, je veux vous apprendre des expressions avec le mot cœur. »

1- avoir mal au cœur
Dans les bateaux, j'ai mal au cœur.
Quand je mange trop de chocolat, j'ai mal au cœur.

2- par cœur
Je connais le poème par cœur.
C'est ma fille, je la connais par cœur.

3- faire quelque chose à contrecœur
Je n'aime pas nager. Je vais à la piscine à contrecœur.
Je n'aime pas le brocoli mais je le mange à contrecœur.

4- avoir le cœur sur la main
Il m'a donné beaucoup d'argent. Il a le cœur sur la main.

La professeure a demandé : « Est-ce que vous allez faire quelque chose de spéciale pour la Saint-Valentin ? »

Sarah a dit : « Je vais au restaurant avec mon mari. »

John a dit : « Je vais acheter des roses à ma femme. »

Janet a dit : « Je vais beaucoup boire ! »

Sandra a dit : « Je vais manger des fraises au chocolat. »

Jo-Ann a dit : « J'ai rendez-vous chez le dentiste. »

Mark a dit : « Je vais regarder un album photos sur les plages du débarquement. »

Terri a dit : « Je vais au cinéma avec mon petit-ami. »

Et moi, j'ai dit : « Je vais dormir tôt. Je déteste la Saint-Valentin. »

Madame France a dit : « Nous allons maintenant apprendre comment dire **this, that** ou **these** en français. Pour un mot féminin, on utilise l'article démonstratif **cette**. Pour dire **this** car or **that** car, on dit **cette** voiture. Pour un mot masculin, on utilise **ce**. **This** bike or **that** bike devient en français **ce** vélo. Mais si le mot masculin commence avec une voyelle ou un h muet, alors on utilise l'article démonstratif **cet**. On prononce **cet** comme **cette**. **This** airplane or **that** airplane devient en français **cet** avion. Enfin pour dire **these** alors on utilise **ces**. **Ces** est utilisé pour les mots masculins ou féminins pluriels. »

Nous avons fait un exercice :

1- Nous allons visiter .... ville (f).

2- J'adore .... exercice (m).

3- .... bouteilles (f) de vin blanc sont exceptionnelles.

4- Il a mangé .... pâté (m) de lapin.

5- .... été (m), je vais faire la sieste tous les jours.

6- .... assiettes (f) sont sales.

7- Est-ce que tu aimes .... homme (m) ?

8- Vous ne mangez pas .... macarons (m) ?

9- Si tu es malade, ne va pas dans .... hôpital (m).

10- .... coq (m) chante tous les matins à 5 heures.

La professeure a demandé : « Est-ce que vous savez quel animal est le symbole de la France ? »

John, toujours le premier à lever la main, a dit : « Une vache, pour les fromages ? »

Sarah a dit : « Un lion, pour les rois de France ? »

Madame France a répondu : « Non et non. L'animal symbole de la France est le coq ! On dit que le coq a été choisi pour symboliser la France parce que c'est le seul animal qui peut chanter avec ses pieds dans la merde ! »

C'est une anecdote amusante mais je ne sais pas si elle est vraie…

Mardi 12 février

J'ai reçu un email de Janet ce matin.

```
À : Helen@gmail.com
Bonjour Helen,
Est-ce que tu veux aller au musée
avec moi dimanche ?
```

Mercredi 13 février

```
À : Janet@gmail.com
Bonjour Janet,
Est-ce que tu as la pêche ?
Bonne idée pour le musée.
Est-ce que dimanche 17 février à 15
heures, c'est bon pour toi ?
```

Elle m'a répondu tout de suite.

À : Helen@gmail.com
Bonjour Helen,
Est-ce que j'ai la pêche ? Je ne comprends pas.
Oui, dimanche 17 février à 15 heures, c'est bon pour moi. Je pense que le musée d'art moderne est un bon choix.

Jeudi 14 février

La dame et sa petite chienne Neige sont venues dans la boutique aujourd'hui. Neige avait besoin d'un petit manteau. La dame a acheté un joli manteau rose, trop mignon.

Elle m'a dit : « Merci encore pour avoir trouvé le nom de ma petite chienne. Jean-Pierre a dit que c'était un nom parfait pour elle. »

J'ai dit : « Jean-Pierre vient souvent dans la boutique. Il est très gentil. Je parle français avec lui. Il a acheté un grand collier en velours, un grand collier en cuir, une grande muselière, une laisse. Est-ce qu'il a un grand chien ? »

Elle m'a regardée surprise : « Jean-Pierre ? Il n'a pas de chien ! »

Jean-Pierre n'a pas de chien ?!? Très, très bizarre !

Vendredi 15 février

J'ai appris comment dire « it's raining cats and dogs » en français. On dit : « Il pleut comme vache qui pisse. »

Je peux bien imaginer une vache qui pisse.

Samedi 16 février

Aujourd'hui, j'ai lavé un grand chien. Il n'était pas content. Il m'a montré les dents.

J'avais peur. Alors pour le calmer, je lui ai chanté la chanson : Frère Jacques.

Frère Jacques, Frère Jacques,
Dormez-vous ? Dormez-vous ?
Sonnez les matines. Sonnez les matines.
Ding. Ding. Dong. Ding. Ding. Dong.

Il a aimé la chanson. Il a fermé les yeux. Il ne m'a plus montré les dents.

Dimanche 17 février

J'étais devant le musée d'art moderne. J'ai vu Janet. J'ai vu Mark aussi.

Janet m'a dit : « J'ai invité Mark car il y a une exposition de peintres impressionnistes français avec beaucoup de tableaux sur les plages de Normandie. »

J'ai trouvé cela un peu étrange, parce que Mark aime les plages de Normandie avec des bateaux de guerre, pas avec des bateaux à voiles…

J'ai dit : « Bonne idée ! »

Nous avons regardé l'exposition tous les trois. C'était très beau !

Lundi 18 février

Aujourd'hui, c'était le sixième cours de français.

Encore deux cours et c'est fini. Quel malheur !

Madame France a dit : « Aujourd'hui, nous allons voir un point de grammaire important. »

John a dit : « Fantastique ! J'adore la grammaire ! »

La professeure a continué : « Nous allons étudier les adjectifs. Un adjectif décrit un nom. Par exemple, dans **une robe grise**, grise est l'adjectif. Grise décrit la robe. La robe est grise. En français, si le nom est féminin alors l'adjectif est féminin ; si le nom est masculin, l'adjectif est masculin ; et si le nom est singulier ou pluriel, l'adjectif est singulier ou pluriel. »

John a dit : « J'ai compris ! »

John est agaçant.

Madame France a dit : « Un homme amusant et une femme amusante. Amusant c'est l'adjectif. On ajoute un **e** à l'adjectif régulier masculin pour le mettre au féminin. Un homme intelligent et des hommes intelligents. Intelligent c'est l'adjectif. On ajoute un **s** à l'adjectif régulier singulier pour le mettre au pluriel. »

John a dit : « C'est très facile. »

J'ai pensé : « Lèche-cul. »

Nous avons fait un exercice. Mettre les mots au pluriel :

1- La petite maison
....

2- La robe rouge
....

3- L'étudiant russe
....

4- Le papillon vert
....

5- La petite table
....

Nous avons fait un autre exercice. Mettre les adjectifs au féminin :

1- Le garçon intéressant
La fille ....

2- Le vélo bleu
La voiture ....

3- Le pantalon vert
La robe ....

4- Le vin chaud
L'eau ....

5- Un grand château
Une .... maison

Madame France a dit : « Nous allons faire un jeu amusant. Le jeu s'appelle **Qui suis-je**. Je vais vous donner des petits papiers. Il faut écrire le nom d'une personne célèbre sur le papier. Ensuite il faut coller le papier sur le front de la personne à côté de vous. »

John a dit : « Je connais ce jeu ! Je dois poser des questions et deviner le nom de la personne célèbre collé sur mon front. »

John était vraiment agaçant !

Après cinq minutes, nous avons tous eu un nom collé sur le front.

Terri avait le nom Elvis collé sur le front.

Mark avait le nom General Dwight D. Eisenhower collé sur le front.

Jo-Ann avait le nom Madonna collé sur le sien.

Janet avait le nom Elizabeth Taylor collé sur le sien.

Sarah avait le nom Gérard Depardieu collé sur le sien.

Sandra avait le nom Michelle Obama collé sur le sien.

John avait le nom Groucho Marx collé sur le sien.

Et moi… Je ne savais pas.

Nous avons commencé le jeu. Et c'est moi qui ai gagné !

Voici les questions que j'ai posées pour deviner le nom collé sur mon front.

Moi : Est-ce que je suis une femme ?

La classe : Oui, tu es une femme.

Moi : Est-ce que je suis américaine ?

La classe : Non, tu n'es pas américaine.

Moi : Est-ce que je suis française ?

La classe : Oui, tu es française.

Moi : Est-ce que je suis vivante ?

La classe : Oui, tu es vivante.

Moi : Est-ce que je suis une femme politique ?

La classe : Non, tu n'es pas une femme politique.

Moi : Est-ce que je suis une actrice ?

La classe : Oui, tu es une actrice.

Je ne connais que deux actrices françaises vivantes : Catherine Deneuve et Juliette Binoche.

J'ai dit : « Je suis Juliette Binoche !! »

Et j'ai gagné !! Je suis très forte !!

Après le jeu, la professeure a dit : « Nous allons imaginer un dialogue au marché. Sandra, tu es la cliente. Et Terri, tu es la marchande de légumes. »

La cliente : Bonjour !

La marchande : Bonjour Madame, qu'est-ce que vous voulez acheter ce matin ?

La cliente : Je voudrais un kilo de tomates et un demi-kilo de champignons.

La marchande : Très bien. Et vous voulez autre chose ?

La cliente : Oui, je voudrais un melon, s'il vous plaît.

La marchande : Le melon, c'est pour manger aujourd'hui ou dans quelques jours ?

La cliente : C'est pour manger mercredi, dans trois jours.

La marchande : Très bien, voici un melon parfait pour dans trois jours.

La cliente : Combien est-ce que je vous dois ?

La marchande : Treize euros cinquante.

La cliente : Voici quatorze euros.

La marchande : Et voici la monnaie. Cinquante centimes. Au revoir et bonne journée !

La cliente : Merci. Au revoir !

Tout le monde a crié : « Bravo ! Excellent ! »

Madame France a dit : « Très bien ! Bravo ! »

La professeure a dit : « Maintenant, c'est le tour de John et Helen. Helen, tu es la cliente. John, tu es le marchand. »

Encore moi ! Ce n'était pas possible. J'ai commencé le dialogue à contrecœur avec cet imbécile de John !

La cliente (moi) : Bonjour !

Le marchand : Bonjour Madame, qu'est-ce que vous voulez ?

La cliente (moi) : Je voudrais des pommes de terre.

Le marchand : Combien de kilos ?

La cliente (moi) : Je voudrais quatre kilos de pommes de terre.

Le marchand : Quatre kilos, c'est beaucoup !

La cliente (moi) (en colère) : J'aime beaucoup les pommes de terre ! C'est un problème ?!?

Le marchand : Non !

La cliente (moi) : Très bien parce que si c'est un problème, je vais aller chez un autre marchand de patates !!

John m'a regardé très surpris.

Tout le monde a dit : « Bravo !! »

Madame France a dit : « Le cours est fini pour aujourd'hui ! »

Mardi 19 février

Un homme est entré dans la boutique **Hot Dogs** cet après-midi. Il voulait acheter une petite robe de mariage pour sa chienne ! Sa chienne va se marier avec un bichon frisé. Les propriétaires de chiens sont fous parfois !

L'homme était très content. Il a acheté une robe de mariage beige avec des petites fleurs roses.

Il m'a promis une invitation pour le mariage !

Jeudi 21 février

J'ai pensé au voyage à Paris aujourd'hui. Je crois que je peux voyager avec Janet. Je l'aime bien. Mais, je voudrais faire une dernière activité avec elle. Nous pouvons peut-être aller au restaurant ensemble.

Je lui ai écrit un email.

À : Janet@gmail.com
Bonjour Janet,
Est-ce que dimanche soir tu es disponible pour aller au restaurant ? Est-ce que tu peux choisir le restaurant ?

Je lui ai demandé de choisir le restaurant pour savoir si elle est snob. Je pense que c'est un bon test.

Vendredi 22 février

```
À : Helen@gmail.com
Bonjour Helen,
Très bonne idée ! Pour dimanche
soir, c'est possible. Rendez-vous
au restaurant qui s'appelle La
Bonne Crêpe. Ce n'est pas un
restaurant cher et c'est très bon.
À dimanche- Janet
```

J'aime bien Janet.

Samedi 23 février

Jean-Pierre, le Français, est venu dans la boutique ce matin !

Il a dit : « Bonjour Helen. Comment allez-vous ? »

J'ai répondu : « Très bien, merci. »

Il a ajouté : « J'ai un petit problème. Le collier en cuir noir est cassé. Est-ce que je peux avoir un nouveau collier plus solide ? »

J'ai dit : « Oui, bien sûr ! »

Je lui ai donné un très grand collier avec des piques en métal pour les chiens très forts.

J'ai dit : « Vous avez un chien énorme ? »

Il a répondu très naturellement : « Non, je n'ai pas de chien. Le collier en cuir, c'est pour moi ! »

Oh là là, ces Français !!

Dimanche 24 février

Je suis arrivée à La Bonne Crêpe à dix-huit heures. Janet était là. Elle buvait un kir.

Elle a dit : « Le kir, c'est un cocktail très français. C'est un mélange de vin blanc et de crème de cassis. C'est très bon. »

J'ai bu un kir aussi. C'est vrai, c'est très bon.

Nous avons commandé deux crêpes salées. La mienne avait des courgettes, des tomates et des oignons. La sienne avait du jambon, du fromage et des tomates.

Janet a dit : « J'ai invité Mark à venir manger avec nous, mais il ne pouvait pas venir. Tu sais, il adore les crêpes. Ici, il y a de très bonnes crêpes au camembert. Et le camembert, c'est le fromage typique de la Normandie. »

Lundi 25 février

Madame France est entrée dans la classe avec le nez tout rouge.

Elle a dit : « Je suis un peu malade. J'ai un petit rhume. Ce matin, j'ai bu un thé au gingembre avec du miel et du citron. Je vais mieux maintenant. »

Pauvre Madame France !

La professeure a dit : « Aujourd'hui, nous allons voir les verbes pronominaux. Vous connaissez le verbe **laver**. Il existe aussi le verbe pronominal : **se laver**. Je lave ma voiture mais je me lave. Quand je me lave moi-même, je vais utiliser le verbe **se laver**. »

Nous avons appris à conjuguer le verbe **se laver** au présent :

je me lave
tu te laves
il, elle se lave
nous nous lavons
vous vous lavez
ils, elles se lavent

Voici une liste des verbes pronominaux les plus utilisés :

se laver
s'habiller
se lever
s'asseoir
se raser
se moquer de
se souvenir de
se moucher
se sentir
se demander
se parler
se dire

Nous avons fait un exercice. Mettre les verbes au

présent.

1- Le matin, je ………. ……………… (se réveiller) à sept heures.

2- Tu ………. ……………… (se peigner) mais tu n'as pas de cheveux.

3- Ana ………. ……………… (se maquiller) avec du rouge à lèvres.

4- Nous ………. ……………… (s'habiller) avec des vêtements en coton bio.

5- Vous ………. ……………… (se promener) dans la forêt.

6- Charles et Liz ………. ……………… (se regarder) dans le miroir.

7- Elles ………. ……………… (se coucher) pour faire la sieste.

8- Tu ………. ……………… (se demander) si cet homme est fou.

9- Nous ………. ……………… (se parler) à voix haute.

10- Je ………. ……………… (se sentir) malade.

Madame France a dit : « Je voudrais ajouter une autre chose sur ces verbes... Les verbes pronominaux utilisent le verbe **être** au passé composé, et non pas le verbe avoir. »

Voici le verbe **se laver** au passé composé :

je me suis lavé(e)*
tu t'es lavé(e)*
il s'est lavé / elle s'est lavée
nous nous sommes lavé(e)s*
vous vous êtes lavé(e)s*
ils se sont lavés / elles se sont lavées.

*Il faut ajouter un **e** si le sujet est féminin.

Nous avons fait un exercice. Mettre les verbes au passé composé.

1- Ils ………. ………… ……………… (se sentir) stupides.

2- Je ………. ………… ……………… (se coucher) avec les poules.

3- Vous ………. ………… ……………… (se moucher) tout le temps.

4- Elle ………. ………… ……………… (se moquer) de moi.

5- Il .... (se raser) les jambes.

6- Ils .... (se souvenir) de leur voyage au Mexique.

7- Il .... (se souvenir) de son voyage au Canada.

8- Elle .... (se souvenir) de son voyage au Portugal.

9- Nous .... (se souvenir) de notre voyage en Italie.

10- Tu .... (se souvenir) de ton voyage en France.

Sarah a demandé : « Madame France, est-ce que vous aimez vivre aux États-Unis ? »

Madame France a dit : « Oui, beaucoup. »

Sarah a dit : « Est-ce qu'il y a une chose qui vous manque de la France ? »

Madame France a dit : « Oui. Ce qui me manque le plus, c'est l'assurance santé universelle. »

Et en parlant de santé, nous avons travaillé sur un petit dialogue entre un patient et un médecin. Jo-Ann était la patiente et Mark était le médecin.

La patiente : Bonjour.

Le médecin : Bonjour, Madame. Comment allez-vous ?

La patiente : Je suis malade. J'ai mal au dos depuis dimanche.

Le médecin : Est-ce que vous avez de la fièvre ?

La patiente : Non, je n'ai pas de fièvre.

Le médecin : Je vais prendre votre tension.

La patiente : J'ai mal au dos et à la tête.

Le médecin : Très bien. Je vais vous faire une ordonnance.

La patiente : Merci, combien est-ce que je vous dois pour la visite ?

Le médecin : 27 euros.

Tout le monde a crié : « Bravo ! Excellent ! »

Madame France a dit : « Très bien ! Bravo ! »

La professeure nous a dit : « Nous avons le temps pour un autre dialogue. Peut-être Terri ? Et toi, Helen ? »

J'ai dit : « Encore moi ! Ce n'était pas possible ! D'accord, mais je suis le médecin. »

Nous avons commencé.

La patiente : Bonjour. Je suis très malade. J'ai mal à la tête. J'ai mal au cou. J'ai mal au dos…

Le médecin (moi) : Alouette, gentille Alouette…

La patiente : Je pense que j'ai de la fièvre.

Le médecin (moi) : Il faut boire de la soupe avec un grand verre de Bordeaux. C'est très bon pour votre santé. Au revoir Madame.

Tout le monde a dit : « Bravo ! »

Madame France n'a rien dit.

Et puis, Madame France a parlé : « La semaine prochaine, c'est le dernier cours. Nous allons faire la fête. Et pendant la fête, je vais vous annoncer une grande nouvelle ! Une très grande nouvelle ! »

Mardi 26 février

J'ai travaillé mon français aujourd'hui. J'ai continué avec le vocabulaire de la cuisine.

J'ai ouvert mon frigo et j'ai essayé de dire tout ce que je voyais : du beurre, trois morceaux de fromage, de la viande, du lait, un sac de salade, trois pommes, quatre pommes de terre, six carottes, un paquet de tofu.

J'ai pensé à la grande nouvelle de Madame France. Est-ce qu'elle va avoir un bébé ? Est-ce que c'est ça la grande nouvelle ? Est-ce que c'est possible d'être enceinte à cinquante ans ?

Mercredi 27 février

Je vais dire oui à Janet. Je pense que c'est possible de

voyager à Paris avec elle. Elle est sympathique.

Je lui ai écrit un email.

```
À : Janet@gmail.com
Bonjour Janet,
Je pense que nous pouvons
maintenant parler du voyage à
Paris. Est-ce que tu veux partir au
mois de juin ? Est-ce que tu veux
aller à l'hôtel ou est-ce que tu
veux louer un appartement avec
moi ?
```

Jeudi 28 février

J'ai reçu un email de Janet ce matin. Elle ne veut plus partir avec moi ! Janet veut partir en Normandie avec Mark ! Ils sont amoureux.

Vendredi 1 mars

Je ne veux pas aller à Paris toute seule.

Une expression française intéressante : avoir le cafard.

Cela veut dire être triste, avoir idées noires, être déprimé.

Ce matin, j'ai le cafard.

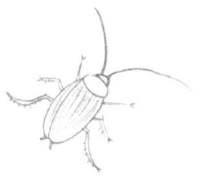

Samedi 2 mars

Aujourd'hui, il n'y avait pas beaucoup de personnes dans la boutique. J'ai travaillé mes cartes de vocabulaire sur les mots de la cuisine.

un couteau
une fourchette
une grande cuillère
une petite cuillère
une assiette
un verre
une serviette
un torchon
une casserole
un lave-vaisselle

Et mon objet préféré : un tire-bouchon.

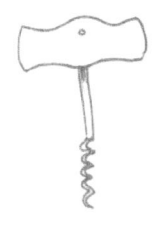

Je ne veux pas penser à Janet et à Mark. Alors, j'ai pensé au bébé de Madame France. Comment est-ce qu'elle va appeler son bébé ? Si c'est une fille, peut-être Marie-Cécile ou Antoinette ? Si c'est un garçon, peut-être Gaspard ou Louis-Philippe ?

Dimanche 3 mars

Aujourd'hui, je suis restée au lit avec Caramel. J'ai cuisiné un soufflé au fromage. Je l'ai mangé dans mon lit en pensant que personne ne veut partir en France avec moi.

J'ai pensé aussi à Madame France. Demain, elle va nous annoncer la grande nouvelle !

Lundi 4 mars

C'était le dernier cours de français ! Tous les étudiants étaient là.

Terri a apporté un bouquet de fleurs bleues, blanches et rouges.

John est venu avec un disque de musique française. Mais il n'y avait pas de lecteur de disque.

Jo-Ann a acheté des bérets pour tout le monde.

Sarah a chanté une chanson d'Édith Piaf.

Janet et Mark ont apporté une bouteille de cidre et un camembert de Normandie.

Sandra a fait des macarons.

Et moi, j'ai offert un livre à Madame France. C'est un livre très utile. Le titre est : Les neuf premiers mois.

Madame France m'a regardée étonnée. J'ai mis ma main sur son bras et j'ai dit : « J'ai deviné, n'est-ce pas ? »

Terri a levé la main. Elle a dit : « Madame France, j'ai une question un peu personnelle pour vous... Depuis combien de temps est-ce que vous vivez aux États-Unis ? »

Madame France a dit : « Je vis aux États-Unis depuis quatorze ans. »

Terri a demandé : « Quand vous êtes venue vivre aux États-Unis, quelles sont les choses qui vous ont étonnées ? »

Madame France a dit : « Je pense que la chose qui m'a le plus étonnée, c'était la taille des voitures américaines. Les voitures américaines sont beaucoup plus grandes que les voitures françaises. En deuxième position, peut-être les portions des plats au restaurant. En France, les portions sont plus petites. Tout le monde termine son repas. Aux États-Unis, il est nécessaire de mettre une partie de la nourriture dans une boîte et de ramener la boîte à la maison. »

Les Américains aiment beaucoup manger. Et pour le dernier cours, nous avons, nous aussi, beaucoup mangé. Nous avons mangé du pain, du fromage et des macarons. Nous avons bu du cidre et du champagne. Le champagne que nous avions gagné avec nos numéros de loto !

Madame France a bu une grande coupe de champagne. J'étais très surprise. Ce n'était pas très sérieux dans son état.

Madame France a levé sa deuxième coupe de

champagne et elle a dit : « Vous avez tous été des étudiants fantastiques. Pendant ces dernières semaines, vous avez appris : le passé composé, le verbe pouvoir et vouloir, les verbes pronominaux...Bravo à tout le monde ! Je suis très fière de vous ! Bravo ! »

La professeure a mangé un macaron et elle a dit : « La semaine dernière, je vous ai parlé d'une grande nouvelle, n'est-ce pas ? »

Silence complet dans la salle de classe...

Elle a ajouté : « Eh bien, voici la grande nouvelle... J'ai décidé d'organiser un voyage à Paris au mois de juin avec mes étudiants. »

Nous avons dit : « Un voyage ? »

Elle a dit : « Oui, un voyage d'une semaine à Paris ! Qui veut venir ? »

Zut ! J'étais très embarrassée avec mon livre.

Mais, j'étais très contente de partir à Paris avec Madame France !

FIN

I would love it if you could leave a short review of my book. For an independent author like me, reviews are the main way that other readers find my books. Merci beaucoup !

2 DIARY

Note: My name is Helen. I am American. I told the story of my experience in the French 1 course in the book "Merde, It's Not Easy to Learn French."

Now I'm a student in French 2. Here is my adventure in French:

Sunday, January 13th

I had a beautiful dream last night. I dreamt that I was in a park in Paris. The flowers were beautiful. Children were playing with a ball. I was walking in the park and I was speaking effortlessly in French. What a beautiful dream!

Tomorrow is my first French 2 class.

Monday, January 14th

Today, I started French 2! I was very happy! Classes are every Monday from 2pm to 4pm. The teacher's name is Madame France. She is French, small and very funny.

When I entered the classroom, my friend Sandra was already there.

I told her, "Hello Sandra. I am glad to see you. How are you?"

She said to me, "I'm doing great. And you?"

I answered, "I'm fine too. Thank you."

She asked me, "What did you do during the Christmas holidays?"

I searched my brain for all the words in French.

I said, "I ate at a restaurant. I cooked. I visited Dallas at Texas *(Dallas en Texas)*."

Sandra said, "No, we say **in** Texas (*au Texas*)."

I repeated, "Thank you, Sandra. I visited Dallas in Texas (*au Texas*). And you?"

Sandra said, "Me, I studied my French."

Jo-Ann and Mark entered the classroom.

"Hello friends," said Mark.

"Hello!"

Sarah, Terri and John came in with a woman I didn't know.

Two minutes later, Madame France, the French teacher, arrived.

She said, "Hello, everyone! How are you?"

We said, "Very well."

She said, "Did you work on your French during vacation?"

Sandra and John said, "Yes!"

The other students said, "No!"

Madame France said, "Before starting the class, I would like everyone to introduce themselves. John, do you want to start? Can you say your name and why you want to learn to speak French?"

John looked at everybody and said, "Yes, my name is John, and I want to speak French because my daughter lives in France."

After, all the students introduced themselves:

"My name is Sarah, and I'm like John. My daughter lives in France too."

"My name is Sandra. I want to speak French because I want to visit Bordeaux."

"My name is Mark and I like the beaches of Normandy."

"My name is Terri. My boyfriend is French."

"My name is Jo-Ann. I love France. I visited Paris in November."

Madame France asked, "And you Helen?"

I said, "I want to exercise my brain, and I want to visit Paris too."

The new woman said, "My name is Janet. I am divorced. I want to go to Paris. It's my divorce gift!"

The women in the class said, "Well done, Janet! That's a great idea!!!"

Madame France opened her big black bag. She said, "Take a pen, let's do a test."

All the students said, surprised, "A test? Really?"

Madame France said, "Yes, a test. This is a review of the French 1 class."

Madame France gave us a sheet of paper with a lot of questions.

1- Translate to French

Hello, how are you?
Bonjour, comment allez-vous ? (Bonjour, comment vas-tu ? Salut, ça va ?)

So-so.
Comme ci, comme ça.

My name is Melinda.
Je m'appelle Melinda.

2- Give the number that follows

ten, eleven
onze, douze
vingt, vingt et un
quatorze, quinze
quinze, seize
dix-huit, dix-neuf
treize, quatorze

3 Conjugate the verb **ête** (to be) in the present

je suis
tu es
il, elle, on est
nous sommes
vous êtes
ils, elles sont

4- Conjugate the verb **avoir** (to have) in the present

j'ai
tu as
il, elle, on a
nous avons
vous avez
ils, elles ont

5- Conjugate the verb **chanter** (to sing) in the present

je chante
tu chantes
il, elle, on chante
nous chantons
vous chantez
ils, elles chantent

6- Make the sentences negative

Je n'aime pas manger au restaurant.
Angela ne chante pas dans la cuisine.
Lee et Rana ne visitent pas Paris.
Je n'ai pas vingt ans.

7- Translate into French

Je mange du pain.
Je mange du chocolat.
Kory ne commande pas de vin.

8- Conjugate the verb **faire** (to do) in the present

je fais
tu fais
il, elle, on fait

> nous faisons
> vous faites
> ils, elles font
>
>
> 9- Conjugate the verb **aller** (to go) in the present
>
> je vais
> tu vas
> il, elle, on va
> nous allons
> vous allez
> ils, elles vont
>
>
> 10- Translate the expressions with **avoir** into English
>
> avoir faim: to be hungry
> avoir soif: to be thirsty
> avoir raison: to be right
> avoir tort: to be wrong
> avoir peur: to be afraid
> avoir froid: to be cold
> avoir chaud: to be hot

Everybody was very tired after the test.

Madame France said, "We'll stop for 10 minutes. Afterwards, we'll learn the *passé composé* (present perfect)."

After the break, the teacher said, "It's very easy. To talk about the past, we often use a tense called present perfect (*passé composé*). To make the *passé composé*, we take the verb **to have** (avoir) in the present tense and we add the main verb in its past participle form. It's very easy. The past participle of verbs in **ER** like parler, chanter, manger is parlé, chanté, mangé. We change the final **er** of the verb to **é**. It's very easy. **I spoke** in French, **j'ai parlé**. **He sang** is **il a chanté**. **We ate** is **nous avons mangé**. It's very easy."

Madame France said "It's very easy" four times. If someone repeats "it's very easy" often, I think that means that it's not very easy. That's my theory!

The teacher gave us an exercise.

Put the sentences in the present perfect *(passé compose)*:

1- J'ai aimé les jeunes hommes.
I loved young men.

2- Tu as trop travaillé.
You worked too much.

3- Il a trouvé trois euros dans le sac.
He found three euros in the bag.

4- Elle a adoré le fromage.
She adored the cheese.

5- Nous avons marché dans les rues de Paris.
We walked in the streets of Paris.

6- J'ai marché dans le caca de chien.
I stepped in dog poop.

7- Vous avez donné une rose.
You gave a rose.

8- J'ai oublié comment dire « shit » en français.
I forgot how to say "merde" in French.

9- Elles ont mangé des croissants.
They ate croissants.

10- Ils ont cherché le cul-de-sac.
They looked for the cul-de-sac.

At the end of the class, Madame France told us a joke. She said, "Do you know why the French like to eat snails? ... The French like to eat snails because they don't like fast food!"

Tuesday, January 15th

Now I work at a store for dogs. I work from 8am to 5pm, Tuesday to Saturday.

The shop is called **Hot Dogs.** We sell dog clothes: coats for winter, little woolen sweaters for strolling by the sea, dresses and t-shirts... We also have a wide variety of dog food: dry dog food for puppies, dry dog food for dogs that are too fat, dry dog food for dogs that are too skinny...

I love working at **Hot Dogs**.

Thursday, January 17th

When I opened the shop this morning, an old lady was waiting on the sidewalk. She quickly entered the shop.

She said, "I would like to buy a toy for my dog. It's soon his birthday."

I said, "Follow me. I'll show you what we have... Look! We have small toys that dogs love. They're shaped like sandwiches, sausages, or newspapers. But my favorite toy is this one."

I showed her a toy in the shape of an Eiffel Tower.

She said, "I love it. How much does the Eiffel Tower cost?"

I said, "It costs six dollars."

She said, "Fantastic. I want it."

After, the shop was quiet, so I tried to study my French.

I mostly daydreamed. I dreamed that I was on a plane to go to Paris. Since it was a dream, I chose first class. In my dream, I asked for a glass of champagne. I ate caviar on toast. And my seat was like a real bed! This dream was wonderful!

In the afternoon, a lady opened the shop door. She carried a little dog in her arms.

"Her name is Sugar. She's a female. She's very nice. But she's very dirty. Sugar needs a bath."

"Very well. I can wash Sugar now. You can pick her up in two hours."

"Thank you! That's perfect."

At Hot Dogs, we also wash dogs!

I washed Sugar. And it's true, Sugar was very nice. I spoke French with Sugar.

"Hello Sucre. My name is Helen. How are you?"

Of course, Sugar doesn't understand French. For me, it was good to speak French with a dog. I'm afraid to speak during French class. But I'm not afraid to speak French with a dog!

"Sugar, I'm going to put some water on you. Is it good? You like it? It's not too hot? It's not too cold?"

After the bath, Sucre was very beautiful.

Saturday, January 19th

I worked today. My first client was a French man! He had a big, beautiful mustache. I wanted to speak to him in French, but I didn't have the courage. I was a bit scared.

He bought a velvet dog collar. He must have a big dog because he bought a big collar.

Sunday, January 20th

No work! No job on Sunday! I stay in bed. I can sleep late.

On Sunday, my dog Caramel has the right to sleep on my bed. He likes to sleep at my feet.

Usually on Sunday, I get up at ten in the morning. I drink a cup of green tea. And I eat bread with butter.

Then I get dressed. And I'm going for a walk with Caramel. We go to a park next to my apartment.

In the park, we meet neighbors. I like talking with my neighbors. We talk about restaurants that we like, we share recipes, or we watch dogs play together.

Monday, January 21st

Madame France asked us to say aloud the verb **avoir** (to have).

Everyone said:

j'ai = I have
tu as = you have

il a = he has / elle a = she has / on a = we have or one has
nous avons = we have
vous avez = you have
ils, elles ont = they have

Now the verb **manger** (to eat) in the passé compose (present perfect):

j'ai mangé = I ate
tu as mangé = you ate
il, elle a mangé = he, she ate
on a mangé = we ate or one ate
nous avons mangé = we ate
vous avez mangé = you ate
ils, elles ont mangé = they ate

Now, the verb **avoir** (to have) in present negative:

je n'ai pas = I do not have
tu n'as pas = you do not have
il, elle n'a pas = he, she does not have
on n'a pas = we do not have or one does not have
nous n'avons pas = we do not have
vous n'avez pas = you do not have
ils, ells n'ont pas = they do not have

And at last, the verb **manger** (to eat) in the past tense and negative:

je n'ai pas mangé = I didn't eat, I have not eaten

tu n'as pas mangé = you didn't eat, you have not eaten
il, elle n'a pas mangé = he, she didn't eat or he, she has not eaten
on n'a pas mangé = we didn't eat, we have not eaten
nous n'avons pas mangé = we didn't eat, we have not eaten
vous n'avez pas mangé = you didn't eat, you have not eaten
ils, elles n'ont pas mangé = they didn't eat or they have not eaten

Madame France asked, "Sarah, did you eat snails?"

Sarah replied, "No, I did not eat snails."

Madame France asked, "Terri, did you visit Japan?"

Terri replied, "No, I did not visit Japan."

Madame France asked, "John, did you buy croissants?"

John replied, "No, I did not buy croissants."

Madame France asked, "Mark, did you walk in the park?"

Mark replied, "No, I did not walk in the park."

Madame France asked, "Sandra, did you wear a dress yesterday?"

Sandra replied, "No, I did not wear a dress yesterday. I wore blue pants."

Madame France asked, "Janet, did you speak with Mark?"

Janet replied, "No, I did not talk to Mark."

Madame France asked, "Jo-Ann, did you visit Canada?"

Jo-Ann replied, "Yes, I visited Canada ... But I did not visit Montreal in Canada."

Madame France asked me "Helen, did you wash a dog yesterday?"

I said, "No, I did not wash a dog yesterday. I didn't work yesterday."

After, the teacher asked Jo-Ann, "You visited Paris in November. Did you have a good vacation? What did you do?"

Jo-Ann said, "I walked, I walked and walked, maybe twenty kilometers a day. I needed good shoes to walk in Paris. I was at the Orsay Museum. I ate at a restaurant called 'Le train bleu'. It's in the Gare de

Lyon train station. It's very beautiful. I had a hot chocolate at Angelina's. I bought a lot of things at the flea market. I watched people in the streets. It was fantastic!"

John asked Jo-Ann, "Is Paris dirty?"

Jo-Ann replied, "A little, sometimes... But it's so beautiful."

Terri asked him, "Did you buy clothes?"

Jo-Ann said, "Yes, a lot of clothes... I bought a very nice shirt at Galeries Lafayette."

I asked her , "Did you stay in a hotel or in an apartment?"

Jo-Ann said to me, "I rented a small apartment in the 16th arrondissement. I could see the Eiffel Tower from the kitchen window. It was beautiful."

I asked, "Can you give me the address of the apartment? I want to go visit Paris soon."

She replied, "Of course!"

Madame France asked Jo-Ann, "Did you think the French had strange traditions?"

Jo-Ann said, "Yes! A very strange tradition for me is the kiss on the cheeks, la bise. I don't understand la bise."

The teacher said, "You're right, 'faire la bise' is very strange. But I'm used to it. When we meet family, friends, or friends of friends, we kiss. Sometimes you have to kiss twenty people! You have to do a kiss to say hello and say goodbye. It's real work!"

Terri asked, "And how many kisses do we have to do?"

Madame France replied, "Well, it's complicated. I'll show you the map of France for kisses."

The teacher showed us the map of France for kisses.

"When I'm in Paris," said Madame France, "I give two kisses to my Parisian friends. But when I'm in Lyon, I give three kisses to my friends from Lyon."

The teacher gave an exercise. Make the sentences negative.

1- Je n'ai pas fait trois bises à mon amie.
I didn't give three kisses to my friend.

2- Je n'ai pas raté mon train.
I didn't miss my train.

3- Incroyable ! Il n'a pas rangé la salle de bains.
Incredible ! He didn't tidy up the bathroom.

4- Nous n'avons pas parlé de politique.
We didn't talk about politics.

5- Ils n'ont pas mangé une pomme pourrie.
They didn't eat a rotten apple.

6- Elle n'a pas fait pipi dans la piscine.
She didn't pee in the swimming pool.

7- Nous n'avons pas bu trop de vin.
We didn't drink too much wine.

8- Je n'ai pas cuisiné de tarte Tatin.
I didn't cook a tarte Tatin.

9- Tu n'as pas trouvé un billet de vingt euros.
You didn't find a twenty-euro bill.

10- Il n'a pas lavé la vaisselle.
He didn't wash the dishes.

Tuesday, January 22nd

This afternoon, many dogs came into the store. I

saw dogs of all sizes: big, medium, small... and tiny.

The name of the smallest was Button. He had very short hair like a toothbrush.

Button was scared in the store. He was shaking like a leaf. His owner bought him a little black sweater with the words "I'm a rebel" written on it.

When I got home, Caramel, my dog, smelled my pants. He smelled all the scents of the dogs that went through the store. My pants were a bit like a newspaper for him.

Thursday, January 24th

I received an email from Janet today. Janet is a French 2 student.

```
To: Helen@gmail.com
Hi Helen,
I'm in French 2 class with you. I
am the divorced woman. I want to go
to Paris. I don't want to go to
Paris by myself. Can I go to Paris
with you?
```

I am very surprised by Janet's proposal.

Friday, January 25th

The French man with the beautiful mustache came into the shop. Today, I was brave.

I said, "Hello, my name is Helen."

And he said, "Hello, my name is Jean-Pierre."

I didn't know if I had to kiss him on the cheeks, so I didn't do anything. I only asked, "What do you want to buy?"

He spoke to me very slowly, "I would like a leash, please."

He bought a big leather leash and he left.

Saturday, January 26th

I thought of Janet's proposal. Is it a good idea to go to Paris with her?

Here are the benefits: having a friend to share experiences. Cook together.

Here are the disadvantages: maybe she's boring. Maybe she's talkative. Maybe she's a sleepwalker. Maybe she's stupid.

Conclusion: I don't know.

Sunday, January 27th

I didn't do anything today. I stayed in my pajamas all day. I baked madeleines. And I ate them with my dog Caramel. Then we watched a French film on television.

Monday, January 28th

Madame France arrived in the classroom with a strawberry cake.

She said, "Hello everyone. Today is my birthday. I'm fifty."

We all shouted, "Happy Birthday!!!"

Then, the teacher cut the cake and we ate it. It was really good.

We asked Madame France if she was happy to be fifty years old.

She said, "No!"

We asked, "Why?"

She said, "Because fifty years old is the age of the first colonoscopy!"

After the cake, we learned the verb **vouloir** (to want) in the present:

je veux = I want
tu veux = you want
il, elle veut = he, she want
on veut = we want or one wants
nous voulons = we want
vous voulez = you want
ils, elles veulent = they want

And in the past tense:
j'ai voulu = I wanted
tu as voulu = you wanted
il, elle a voulu = he, she wanted
on a voulu = we wanted or one wanted
nous avons voulu = we wanted

vous avez voulu = you wanted
ils, elles ont voulu = they wanted.

We did an exercise with the verb **vouloir** (to want) to the present.

1- Je veux boire du champagne tous les jours.
I want to drink champagne every day.

2- Nous voulons plus de vacances.
We want more vacation.

3- Vous voulez changer le monde.
You want to change the world.

4- Elles veulent un salaire équivalent à celui des hommes.
They want a salary equivalent to that of men.

5- Il veut manger des crêpes salées.
He wants to eat savory crêpes.

Finish sentences with the verb **vouloir** (to want) in the compound past.

1- J'ai voulu prendre un bain avec toi.
I wanted to take a bath with you.

2- Ils ont voulu arrêter la télévision.
They wanted to turn off the TV.

3- Nous avons voulu partir sans payer.
We wanted to leave without paying.

4- Vous avez voulu acheter un médicament au Mexique.
You wanted to buy a medicine in Mexico.

5- Il a voulu vendre sa belle-mère sur eBay.
He wanted to sell his mother-in-law on eBay.

Madame France said, "After the verb want, we are going to work on a dialogue. The scene takes place in a cafe. Mark, you're going to be the waiter and you, Terri, you're going to be the client."

Terri and Mark started acting like at the theater. It was very fun.

The waiter: Hello, Ma'am. What do you want?

The client: I want a hot chocolate, please.

Waiter: Do you want sugar with your drink?

The customer: No thanks, I don't want sugar. But I want a glass of water with ice.

The waiter: A glass of water with ice? That's very strange!

The customer: I also want twenty-nine croissants.

The server: You really like croissants!

The client: Yes, that's right. Can I have some jam too?

The server: Of course.

Client: I am very hungry.

Waiter: Here's hot chocolate, croissants and some jam.

The client: That's perfect. Can I have the check?

The server: Yes.

The client: Thank you!

Everyone shouted, "Bravo!!! Encore!!! Bravo!!!"

Madame France said, "Very good job! It is very good. Who wants to do another dialogue at the café?"

I thought: Not me. I am too shy. And I don't want to speak French now. I looked at my shoes.

The teacher said, "Who wants to try? Nobody?"

Silence in the class.

The teacher said, "Well then, I choose ... I choose ... Helen and Sarah. Sarah, you're the waitress. Helen, you're the client."

I thought, "Shit!"

My legs were shaking a little.

The waitress: Hello, ma'am. Do you want something to drink?

The customer (me): Yes ... a glass of champagne.

Waitress: All right, madam. Do you want to eat something?

The customer (me): Yes ... I would like a croque-monsieur ...

The waitress: A glass of champagne and a croque-monsieur. And something else?

The customer (me): No, thank you.

Everyone said, "Bravo!!!"

Madame France said, "That's not bad."

I went to sit down. My legs were still shaking.

Madame France said, "You know that one drinks champagne in a flute glass or a coupe. They say that the first coupe was modeled after the breast of the Marquise de Pompadour, the mistress of Louis XV."

It's a funny anecdote, but I don't know if it's true ...

Tuesday, January 29th

I didn't have time to talk with Janet about the trip to Paris. I'll write her an email in French.

```
To: Janet@gmail.com
Hi Janet,
Do you want to talk about the trip
to Paris?
```

She answered right away.

```
To: Helen@gmail.com
Hello Helen,
Yes. When?
```

I didn't reply right away. I'll answer her tomorrow.

Thursday, January 31ˢᵗ

I replied to Janet.

```
To: Janet@gmail.com
Hi Janet,
Let's meet at the Cardin Street
café.
Is Sunday, February 3 at 11 o'clock
in the morning good for you?
```

She replied.

```
To: Helen@gmail.com
Hello Helen,
Yes. It's good for me.
```

Friday, February 1ˢᵗ

The French man with the beautiful mustache came into the shop today. He was wearing green pants and a yellow shirt. He was like a sunflower.

"Hello Jean-Pierre! How are you?"

"Hello Helen. J'ai la pêche !"

"J'ai la pêche ? I don't know that expression."

"J'ai la pêche means, I feel great... I'm doing very well."

"Okay. I understand."

He bought a big leather muzzle.

"That's twenty-two dollars."

"Here is twenty-two dollars."

"Thank you, sir!"

He left. I was very happy to be able to speak French a little bit!

Saturday, February 2nd

Tomorrow, I have an appointment with Janet. I don't know if it's a good idea to go to France with someone I don't know.

If she is very rich, she'll want to eat in expensive restaurants. She'll want to go shopping at Chanel or Dior.

Sunday, February 3rd

Janet arrived at the cafe. She was wearing a very chic big black coat. She ordered a coffee with milk and I got a tea with lemon.

"Hello, Janet."

"Hello, Helen."

"Janet, I'd like to spend more time with you to find out if we can travel together."

"Very good idea", said Janet. "Do you want to go to the movies with me next Sunday?"

"Yes. I don't work on Sunday."

"Very well. See you Sunday, Helen."

"See you Sunday, Janet."

Monday, February 4th

Today, Mrs France said, "We are going to learn the numbers from 1 to 100. You will see, it is very easy."

I don't like when Mrs France says "it's very easy."

She started counting. And we repeated.

0 – zéro
1 – un
2 – deux
3 – trois
4 – quatre
5 – cinq
6 – six
7 – sept
8 – huit
9 – neuf
10 – dix
11 – onze
12 – douze
13 – treize
14 – quatorze
15 – quinze
16 – seize
17 – dix-sept
18 – dix-huit
19 – dix-neuf

20 – vingt
21 – vingt **et un**
22 – vingt-deux
23 – vingt-trois
24 – vingt-quatre
25 – vingt-cinq
26 – vingt-six
27 – vingt-sept
28 – vingt-huit
29 – vingt-neuf
30 – trente
31 – trente **et un**
32 – trente-deux
33 – trente-trois
34 – trente-quatre
35 – trente-cinq
36 – trente-six
37 – trente-sept
38 – trente-huit
39 – trente-neuf
40 – quarante
41 – quarante **et un**
42 – quarante-deux
43 – quarante-trois
44 – quarante-quatre
45 – quarante-cinq
46 – quarante-six
47 – quarante-sept
48 – quarante-huit
49 – quarante-neuf

50 – cinquante
51 – cinquante **et un**
52 – cinquante-deux
53 – cinquante-trois
54 – cinquante-quatre
55 – cinquante-cinq
56 – cinquante-six
57 – cinquante-sept
58 – cinquante-huit
59 – cinquante-neuf
60 – soixante
61 – soixante **et un**
62 – soixante-deux
63 – soixante-trois
64 – soixante-quatre
65 – soixante-cinq
66 – soixante-six
67 – soixante-sept
68 – soixante-huit
69 – soixante-neuf

"Careful!" said Madame France, "now it gets a little weird. To say 70 in French, we say sixty-ten."

"But why?", asked John, panicked.

"I don't know," replied Madame France. "Come on, let's keep going…"

70 – soixante-dix (60 + 10)
71 – soixante **et onze** (60 + 11)

72 – soixante-douze (60 + 12)
73 – soixante-treize
74 – soixante-quatorze
75 – soixante-quinze
76 – soixante-seize
77 – soixante-dix-sept
78 – soixante-dix-huit
79 – soixante-dix-neuf

Madame France said, "It's strange, isn't it?"
We answered all together, "Yes , very strange!"

80 – quatre-vingts (four twenties)

Janet said, "I like to say eighty, because it's like four glasses of wine. (quatre-vingts, quatre vin)."

81 – quatre-vingt-un
82 – quatre-vingt-deux
83 – quatre-vingt-trois
84 – quatre-vingt-quatre
85 – quatre-vingt-cinq

86 – quatre-vingt-six
87 – quatre-vingt-sept
88 – quatre-vingt-huit
89 – quatre-vingt-neuf

And similar to 70 (soixante-dix), 90 is four twenties and ten

90 – quatre-vingt-dix
91 – quatre-vingt-onze
92 – quatre-vingt-douze
93 – quatre-vingt-treize
94 – quatre-vingt-quatorze
95 – quatre-vingt-quinze
96 – quatre-vingt-seize
97 – quatre-vingt-dix-sept
98 – quatre-vingt-dix-huit
99 – quatre-vingt-dix-neuf
100 – cent

Now I need to take a nap. I am very tired.

But no nap for me. We did an exercise.

1- quarante-deux + un = quarante-trois
forty-two + one = forty-three

2- cinquante-trois + un = cinquante-quatre
fifty-three + one = fifty four

3- soixante-six + un = soixante-sept
sixty-six + one = sixty-seven

4- douze + un = treize
twelve + one = thirteen

5- dix-neuf + un = vingt
nineteen + one = twenty

6- soixante-neuf + un = soixante-dix
sixty-nine + one = seventy

7- soixante-dix-neuf + un = quatre-vingts
seventy-nine + one = eighty

8- treize + un = quatorze
thirteen + one = fourteen

9- quatre-vingt-neuf + un = quatre-vingt-dix
eighty-nine + one = ninety

10- quatre-vingt-dix-neuf + un = cent
ninety-nine + one = one hundred

Madame France said, "Can you give me a number that you like in French? And also, tell me why you like the number? I will note the numbers. After class, I'm going to buy a lottery ticket ..."

Terri said, "Twenty-four. I like this number because it's my boyfriend's age."

Sandra said, "Eleven, because it's the arrondissement in Paris where my hotel was."

Mark said, "Forty-four, because it's the year of the Normandy landings."

John said , "Sixty-nine, because ..."

Madame France shouted, "No! John, I don't want to know!"

Sarah said, "Three, because I have three grandchildren."

Jo-Ann said, "Sixty, because it's my age."

Janet said, "Twenty-nine, because I divorced on the twenty-ninth of November."

And I said, "Twenty (vingt, sounds like vin) because I love wine. And you?"

Madame France said, "Fifty, because I'm fifty years old. Now, let's imagine that we win three hundred million dollars. What are we going to do with the money?"

Mark said, "We are going to live in Normandy!"

Janet said, "We're going to stop working!"

Sarah said, "We are going to open a bookstore. I love books!"

John said, "We're going to live in a Pacific island."

Sandra said, "We are going to buy a plane to travel!"

"Terri said, "We are going to buy a castle!"

Jo-Ann said, "We're going to move to Paris."

And I said, "We're going to give animals a lot of money!"

After, we studied the verb **pouvoir/to be able to** in the present tense:

je peux = I can
tu peux = you can
il, elle, on peut = he, she, we or one can
nous pouvons = we can
vous pouvez = you can
ils, elles peuvent = they can

And the past participle of the verb **pouvoir** is pu:

j'ai pu = I was able to

tu as pu = you were able to
il, elle, on a pu = he, she, we or one was able to
nous avons pu = we were able to
vous avez pu = you were able to
ils, ells ont pu = they were able to

And of course, we did an exercise. Finish the sentences with the verb **pouvoir** in the present and then in the past tense.

1-Vous pouvez boire quatre verres de champagne.
You can drink four glasses of champagne,

2- Ils peuvent dormir toute la journée.
They can sleep all day.

3- Nous pouvons danser toute la nuit.
We can dance all night.

4- Il peut rester un mois sans prendre un bain.
He can go one month without taking a bath.

5- Pierre peut aller au cinéma.
Pierre can go to the movies.

6- Caroline et Glenn peuvent manger des fromages très forts.
Caroline and Glenn can eat very strong cheeses.

7- Tu ne peux pas manger d'huîtres.
You can't eat oysters.

8- Je ne peux pas vivre où il fait froid.
I can't live where it's cold.

9- Ilsa peut parler français.
Ilsa can speak French.

10- Ils ne peuvent pas partir avant de plier les serviettes.
They can't leave before folding the napkins.

I went home and took a nap for two hours. I dreamed that I lived in a castle in Normandy surrounded by dogs and books. Heaven!

Tuesday, February 5th

Today was very quiet in the shop for dogs. I was able to do my homework. I wrote all the sentences with the verb **pouvoir** in the present and in the past tense.

At noon, a man entered the shop with his dog, a Dalmatian. I love Dalmatians. They are very chic with their white and black fur.

The man said, "My dog eats everything all the time. I would like to find special food for an obese dog."

I replied, "Follow me."

We walked to the specialized food department.

When we returned to the checkout we noticed that the Dalmatian was eating something.

The man said, "What are you eating? Open your mouth!"

The dog was eating my homework!

Wednesday, February 6th

Jean-Pierre, the Frenchman, came to the shop. Now, I can speak to him in French.

"Hello Mr. Jean-Pierre, how are you? Are you feeling great today?"
"Yes, **j'ai la pêche**, thank you! And you Helen?"

"Me too, **j'ai la pêche**! Such beautiful weather today."

"Yes, it's nice."

"What do you want to buy today?"

"I would like to buy a big leather collar."

I was happy all day. I spoke French with a Frenchman and he understood me! What an amazing feeling!!

Thursday, February 7th

A day with numbers...

Today, I saw eleven dogs. I sold twelve bags of dog food. I found two fleas. I took five hundred seventy-three steps. I ate two kiwis and twenty-three grapes. I sent four emails.

Friday, February 8th

Today, a lady entered the shop with a small white poodle.

She said, "Jean-Pierre is my neighbor. He told me that you speak French?"

I said, "Yes. A little ... I am learning French."

She continued, "I have a baby dog, a puppy. I would like to find her a French name. Can you help me?"

I said, "I'm going to think. Is it a male or a female?"

She said, "A female. I'll come back tomorrow. Thank you !!"

All day, I thought of possible dog names: Cherry, Strawberry, Cloud, Honey.... I looked for ideas in the dictionary.

Saturday, February 9th

The lady came back with her white poodle.

She asked, "So? Did you find a name for my poodle?"

I said, "Yes. I have some ideas. I thought about Kisses, Colette, Blanche or Crème Fraîche ... But my favorite name is Neige (Snow)."

She said, "I love Neige. It's perfect!"

She left very happy with her little dog Neige.

Sunday, February 10th

I was scheduled to meet Janet in front of the cinema. When I arrived, I saw Janet and Mark. I was surprised

Janet said, "I invited Mark because the film is in Normandy."

I said, "Okay."

In fact, the film does not take place in Normandy. It takes place in China. And China is very far from Normandy.

Monday, February 11th

Madame France shouted, "We won! We won!"
Terri asked, "What did we win?"

Madame France said, "Last week, we played the lottery. And we won! It's amazing!"

Jo-Ann asked, "How much have we won?"

Madame France said, "One minute ... I'll put my bag on the table and I tell you everything!"

Madame France put down her big bag on the table. The whole class was silent. We waited. What suspense! Maybe we were rich!!

After endless seconds, Madame France took out a lottery ticket from her bag.

And she said, "We played numbers three, eleven, twenty, twenty-four, twenty-nine, forty-four, fifty, sixty, and sixty-nine. We had four good numbers! We won forty-six dollars! It's fantastic! No?"

To be honest, everyone was disappointed! We had imagined a castle, a private jet, exceptional restaurants, shopping in very chic boutiques... And we had only won forty-six dollars!

Madame France said, "Do you know how much a bottle of champagne costs?"

We replied, "No."

Madame France said, "Well, a good bottle of champagne costs about forty-six dollars. So, for the party of our last class, we are going to drink champagne. It's fantastic! No?"

Madame France was so excited that we said, "Fantastic!"

But the dreams of living like kings went up in smoke. Shit!

The professor said, "Today is February eleventh. Thursday is February 14th, Valentine's Day. So, I want to teach you expressions with the word 'heart' (cœur)."

1. avoir mal au cœur = to feel nauseated
In boats, I feel nauseated.
When I eat too much chocolate, I feel nauseated.

2- par cœur = by heart
I know the poem by heart.
She is my daughter, I know her by heart.

3- faire quelque chose à contrecœur = do something reluctantly
I don't like to swim. I go to the pool reluctantly.
I don't like broccoli but I eat it reluctantly.

4- avoir le cœur sur la main = to be generous
He gave me a lot of money. He is very generous.

The teacher asked, "Are you going to do something special for Valentine's Day?"

Sarah said, "I'm going to the restaurant with my husband."

John said, "I'm going to buy roses to my wife."

Janet said, "I'm going to drink a lot!"

Sandra said, "I'm going to eat chocolate strawberries."

Jo-Ann said, "I have a dentist appointment."

Mark said, "I'm going to look at a photo album about the D-Day landing beaches."

Terri said, "I'm going to the movies with my boyfriend."

And I said, "I'm going to sleep early. I hate Valentine's Day."

Madame France said, "We will now learn how to say **this, that** or **these** in French. For a feminine word, we use the demonstrative article **cette**. To say, **this** car or **that** car, we say **cette voiture**. For a masculine word, we use **ce**. **This** bike or **that** bike becomes in French **ce vélo**. But if the masculine word begins with a vowel or a mute h, then we use the demonstrative article **cet**. We pronounce **cet** as **cette**. **This** airplane becomes in French **cet avion**. Finally to say **these** we use **ces**. **Ces** is used for plural masculine or feminine words."

We did an exercise:

1- Nous allons visiter cette ville.
We are going to visit this/that city.

2- J'adore cet exercice.
I love this/that exercise.

3- Ces bouteilles de vin blancs sont exceptionnelles.
These bottles of white wine are exceptional.

4- Il a mangé ce pâté de lapin.
He ate this/that rabbit pâté.

5- Cet été, je vais faire la sieste tous les jours.
This/that summer (m), I will take a nap every day.

6- Ces assiettes sont sales.
These plates are dirty.

7- Est-ce que tu aimes cet homme ?
Do you like this/that man?

8- Vous ne mangez pas ces macarons ?
Won't you eat theses macarons?

9- Si tu es malade, ne va pas dans cet hôpital.
If you are sick, don't go to this/that hospital.

10- Ce coq chante tous les matins à 5 heures.
This/that rooster sings every morning at 5 o'clock.

The teacher asked, "Do you know which animal is the symbol of France?"

John, always the first to raise his hand, said, "A cow, for cheeses?"

Sarah said, "A lion, for the kings of France?"

Madame France replied, "No and no. The animal that is the symbol of France is the rooster! It is said that the rooster was chosen to symbolize France because it is the only animal that can sing with his feet in shit!"

It's a funny anecdote but I don't know if it's true ...

Tuesday, February 12th

I received an email from Janet this morning.

```
To: Helen@gmail.com
Hi Helen,
Do you want to go to the museum with me on Sunday?
```

Wednesday, February 13th

```
To: Janet@gmail.com
Hi Janet,
Do you feel great (Est-ce que tu as la pêche)?
```

```
Good idea for the museum.
Is Sunday, February 17th at 3 pm
good for you?
```

She answered me right away.

```
To: Helen@gmail.com
Hello Helen,
Est-ce que tu as la pêche ? I don't
understand.
Yes, Sunday, February 17th at 3 pm
is good for me.  I think the museum
of modern art is a good choice.
```

Thursday, February 14th

The lady and her little dog Neige came to the shop today. Neige needed a little coat. The lady bought a pretty pink coat, too cute.

She said to me, "Thanks again for finding the name of my little dog. Jean-Pierre said it was a perfect name for her."

I said, "Jean-Pierre often comes into the shop. He's very nice. I speak French with him. He bought a big velvet collar, a big leather collar, a big muzzle, and a leash. Does he have a big dog?"

She looked at me surprised: "Jean-Pierre? He doesn't have a dog!"

Jean-Pierre does not have a dog?!? Very, very strange!

Friday, February 15th

I learned how to say "it's raining cats and dogs" in French. You say "It's raining like a pissing cow."

I can imagine a cow pissing.

Saturday, February 16th

Today, I washed a big dog. He was not happy. He showed me his teeth.

I was scared. So to calm him down, I sang him the song Brother John (Frère Jacques).

Brother Jacques, Brother Jacques,
Are you sleeping? Are you sleeping?
Morning bells are ringing. Morning bells are ringing
Ding. Ding. Dong. Ding. Ding. Dong.

He liked the song. He closed his eyes. He didn't show me his teeth anymore.

Sunday, February 17th

I was in front of the Museum of Modern Art. I saw Janet. I saw Mark too.

Janet said to me, "I invited Mark because there is an exhibition of French impressionist painters with a lot of paintings of the Normandy beaches."

I found this a little strange, because Mark loves the Normandy beaches with warships, not with sailboats...

I said, "Good idea!"

All three of us saw the exhibit together. It was really beautiful!

Monday, February 18th

Today was the sixth French class. Two more lessons and it's over. What a pity!

Madame France said, "Today we are going to learn an important grammar point."

John said, "Fantastic! I love grammar!"

The teacher continued, "We are going to study adjectives. An adjective describes a name. For example, in **a gray dress**, gray is the adjective. Gray describes the dress. The dress is gray. In French, if the name is feminine then the adjective is feminine; if the name is masculine, the adjective is masculine; and if the name is singular or plural, the adjective is singular or plural."

John said, "I got it!"

John is annoying.

Madame France said, "A fun man (homme aumusant) and a fun woman (femme amusante). Fun is the adjective. We add an **e** to the masculine regular adjective to put it in the feminine. An intelligent man (homme intelligent) and intelligent men (hommes intelligents). Intelligent is the adjective. We add a **s** to the regular singular adjective to put it in the plural."

John said, "It's very easy."

I thought, "Ass-kisser."

We did an exercise. Put the words in the plural:

1- La petite maison/Les petites maisons
The little house/The little houses

2- La robe rouge/Les robes rouges
The red dress/The red dresses

3- L'étudiant russe/Les étudiants russes
The Russian student/The Russian students

4- Le papillon vert/Les papillons verts
The green butterfly/ The green butterflies

5- La petite table/Les petites tables
The little table/The little tables

We did another exercise. Put the adjectives in the feminine:

1- Le garçon intéressant/La fille intéressante
The interesting boy/The interesting girl

2- Le vélo bleu/La voiture bleue
The blue bike/the blue car

3- Le pantalon vert/La robe verte

The green pants/the green dress

4- Le vin chaud/L'eau chaude
The hot wine/The hot water

5- Un grand château/Une grande maison
A big castle/A big house

Madame France said, "We'll play a funny game. The game is called **Who am I**? I am going to give you a few pieces of paper. You have to write the name of a famous person on the paper. Then you have to stick the paper on the forehead of the person next to you."

John said, "I know this game! I have to ask questions and guess the name of the famous person stuck on my forehead."

John was really annoying!

After five minutes, we all had a name on our foreheads.

Terri had the name Elvis stuck on her forehead.

Mark had the name General Dwight D. Eisenhower stuck on his forehead.

Jo-Ann had the name Madonna stuck on hers.

Janet had the name Elizabeth Taylor stuck on hers.

Sarah had the name Gerard Depardieu stuck to his.

Sandra had the name Michelle Obama stuck on hers.

John had the name Groucho Marx stuck on his.

And me ... I didn't know.

We started the game. And I won!

Here are the questions I asked to guess the name stuck on my forehead.

Me: Am I a woman?

Class: Yes, you are a woman.

Me: Am I American?

Class: No, you are not American.

Me: Am I French?
Class: Yes, you are French.

Me: Am I alive?

Class: Yes, you are alive.

Me: Am I a politician?

Class: No, you are not a politician.

Me: Am I an actress?

Class: Yes, you are an actress.

I only know two living French actresses: Catherine Deneuve and Juliette Binoche.

I said, "I'm Juliette Binoche!!"

And I won!! I am really good!!

After the game, the teacher said, "We are going to imagine a dialogue at the market. Sandra, you are the customer. And Terri, you're the vegetable seller."

The customer: Hello!

Merchant: Hello Madam, what do you want to buy this morning?

The customer: I would like a kilo of tomatoes and half a kilo of mushrooms.

Merchant: Very good. And do you want something else?

The customer: Yes, I would like a melon, please.

Merchant: Do you want a melon to eat today or in a few days?

The customer: It's to eat Wednesday, in three days.

Merchant: All right, here's a perfect melon for in three days.

The customer: How much do I owe you?

The merchant: Thirteen euros fifty.

The customer: Here are fourteen euros.

Merchant: And here is the change. Fifty cents. Goodbye and have a nice day!

The client: Thank you. Goodbye!

Everyone shouted, "Bravo! Excellent!"

Madame France said: "Very good! Well done!"

The teacher said, "Now it's John and Helen's turn. Helen, you are the client. John, you're the merchant."

Me again! There was no way. I started the dialogue reluctantly with that fool John!

The customer (me): Good morning!

Merchant: Good morning Madam, what do you want?

The customer (me): I would like some potatoes.

The merchant: How many kilos?

The customer (me): I would like four kilos of potatoes.

The merchant: Four kilos is a lot!

The customer (me) (angry): I really like potatoes! It that a problem?!?

The merchant: No!

The customer (me): Very good because if it's a problem, I'll go to another potato seller !!

John looked at me very surprised.

Everyone said, "Bravo !!"

Madame France said, "The class is over for today!"

Tuesday, February 19th

A man entered the **Hot Dogs** store this afternoon. He wanted to buy a little wedding dress for his dog! His dog is getting married with a bichon frisé. Dog owners are crazy sometimes!

The man was very happy. He bought a beige wedding dress with small pink flowers.

He promised me an invitation to the wedding!

Thursday, February 21st

I thought about the trip to Paris today. I think I can travel with Janet. I like her. But, I would like to do one last activity with her. Maybe we can go to a restaurant together.

I wrote her an email.

```
To: Janet@gmail.com
Hi Janet,
Are you available Sunday night to
go to a restaurant?  Can you pick
the restaurant?
```

I asked her to choose the restaurant to find out if she is snobbish. I think it's a good test.

Friday, February 22nd

```
To: Helen@gmail.com
Hello Helen,
Very good idea! For Sunday night,
it's possible. See you at the
restaurant called La Bonne Crêpe.
It's not an expensive restaurant
and it's very good.
See you Sunday- Janet
```

I like Janet.

Saturday, February 23rd

Jean-Pierre, the Frenchman, came to the shop this morning!

He said, "Hello Helen. How are you?"

I said, "Very well, thank you."

He added, "I have a little problem. The black leather collar is broken. Can I have a new, stronger collar?"

I said, "Yes, of course!"

I gave him a very large necklace with metal spikes for very strong dogs.

I said, "Do you have a huge dog?"

He answered very naturally, "No, I don't have a dog. The leather collar is for me!"

Oh dear, those French!!

Sunday, February 24th

I arrived at La Bonne Crêpe at six o'clock. Janet was there. She was drinking a kir.

She said, "Kir is a very French cocktail. It is a mix of white wine and crème de cassis. It's very good."

I drank a kir too. That's right, it's very good.

We ordered two salty crêpes. Mine had zucchini, tomatoes, and onions. Hers had ham, cheese, and tomatoes.

Janet said, "I invited Mark to come eat with us, but he couldn't come. You know, he loves crêpes. Here, there are some very good Camembert crêpes. And the Camembert is a typical cheese of Normandy."

Monday, February 25th

Madame France entered the class with a red nose.

She said, "I'm a little sick. I have a little cold. This morning I drank a ginger tea with honey and lemon. I'm feeling better now."

Poor Madame France!

The professor said, "Today we will see the reflexive verbs. You know the verb **to wash/laver**. There is also the reflexive verb: **to wash onself/se laver**. I wash my car but I wash myself. When I wash myself, I will use the verb **se laver**."

We learned to conjugate the verb **se laver** in the present:

je me lave = I wash myself
tu te laves = you wash yourself
il, elle se lave = he, she washes himself, herself

nous nous lavons = we wash ourselves
vous vous lavez = you wash yourself, yourselves
ils, elles se lavent = they wash themselves

Here is a list of the most used reflexives verbs:

se laver = to wash oneself
s'habiller = to get dressed
se lever = to get up
s'assoir = to sit down
se raser = to shave
se moquer de = to make fun of
se souvenir = to remember
se moucher = to blow one's nose
se sentir = feel
se demander = to wonder
se parler = to talk to each other
se dire = tell oneself

We did an exercise. Put the verbs in the present tense.

1- Le matin, Je me réveille à sept heures.
In the morning, I wake up at seven.

2- Tu te peignes mais tu n'as pas de cheveux.
You are combing your hair but you don't have any hair.

3- Ana se maquille avec du rouge à lèvres.
Ana puts on lipstick.

4- Nous nous habillons avec des vêtements en coton bio.
We are getting dressed with organic cotton clothes.

5- Vous vous promenez dans la forêt.
You are taking a walk in the forest.

6- Charles et Liz se regardent dans le miroir.
Charles et Liz look at themselves in the mirror.

7- Elles se couchent pour faire la sieste.
They are laying down for a nap.

8- Tu te demandes si cet homme est fou.
You wonder if this man is crazy.

9- Nous nous parlons à voix haute.
We talk to each other out loud.

10- Je me sens malade.
I feel sick.

Madame France said, "I would like to add another thing about these verbs ... The reflexive verbs use the verb **to be (être)** in the passé composé, not the verb to have (avoir)."

Here is the verb **to wash** in the passé composé:

je me suis lavé(e)* = I washed myself
tu t'es lavé(e)* = you washed youself
il s'est lavé = he washed himself
elle s'est lavée = she washed herself
nous nous sommes lavé(e)s* = we washed ourselves
vous vous êtes lavé(e)s*= you washed youself, yourselves
ils se sont lavés = they washed themselves
elles se sont lavées = they washed themselves

* You must add an **e** if the subject is feminine.

We did an exercise. Put the verbs in the passé composé.

1- Ils se sont sentis stupides.
They felt stupid.

2- Je me suis couché avec les poules.
I lay down with hens.

3- Tu t'es mouché tout le temps.
You blew your nose all the time.

4- Elle s'est moquée de moi.
She made fun of me.

5- Il s'est rasé les jambes.
He shaved his legs.

6- Ils se sont souvenus de leur voyage au Mexique.
They remembered their trip to Mexico.

7- Il s'est souvenu de son voyage au Canada.
He remembered his trip to Canada.

8- Elle s'est souvenue de son voyage au Portugal.
She remembered her trip to Portugal.

9- Nous nous sommes souvenus de notre voyage en Italie.
We remembered our trip to Italy.

10- Tu t'es souvenu de ton voyage en France.
You remembered your trip to France.

Sarah asked, "Madame France, do you like living in the United States?"

Madame France said, "Yes, a lot."

Sarah said, "Is there anything you miss from France?"

Madame France said, "Yes. What I miss most is the universal health care."

And speaking of health, we worked on a small dialog between a patient and a doctor. Jo-Ann was the patient and Mark was the doctor.

The patient: Hello.

Doctor: Hello, Madam. How are you?

The patient: I'm sick. I have back pain since Sunday.

Doctor: Do you have a fever?

The patient: No, I don't have a fever.

Doctor: I'll take your blood pressure.

The patient: My back and head hurt.

Doctor: OK. I will write a prescription.

The patient: Thank you, how much do I owe you for the visit?

The doctor: 27 euros.

Everyone shouted: Bravo! Excellent!

Madame France said: Very good! Bravo!

The teacher told us, "We have time for another dialogue. Maybe Terri? And you, Helen?"

Me again! I can't believe it!

I said, "Okay, but I'm the doctor."

We started.

The patient: Hello. I am very sick. I have a headache. My neck hurts. My back hurts ...

The doctor (me): Alouette, gentille Alouette ...

The patient: I think I have a fever.

The doctor (me): You have to drink soup with a big glass of Bordeaux. It's very good for your health. Goodbye Madam.

Everybody said, "Bravo!"

Madame France didn't say anything.

And then, Madame France said, "Next week is the last class. We are going to celebrate. And during the party, I will announce some big news! Very big news!"

Tuesday, February 26ᵗʰ

I worked on my French today. I continued with cooking vocabulary.

I opened my fridge and tried to say everything I saw: butter, three pieces of cheese, meat, milk, a bag of lettuce, three apples, four potatoes, six carrots, a package of tofu.

I thought about the great news of Madame France. Is she going to have a baby? Is this the big news? Is it possible to be pregnant at fifty?

Wednesday, February 27ᵗʰ

I am going to say yes to Janet. I think it's possible to travel to Paris with her. She's nice.

I wrote her an email.

```
To: Janet@gmail.com
Hello Janet,
I think we can now talk about the
trip to Paris. Do you want to leave
in June? Do you want to go to the
```

```
hotel  or  do  you  want  to  rent  an
apartment with me?
```

Thursday, February 28th

I received an email from Janet this morning. She doesn't want to go with me anymore! Janet wants to go to Normandy with Mark! They're in love.

Friday, March 1st

I don't want to go to Paris by myself.

An interesting French expression: avoir le cafard (to have the cockroach) = to have the blues.

It means being sad, having negative thoughts, being depressed.

This morning, I have "the cockroach."

Saturday, March 2nd

Today, there weren't many people in the shop. I worked on my vocabulary cards for words about cooking.

a knife
a fork
a big spoon
a small spoon
a plate
a glass
a napkin
a kitchen towel
a saucepan
a dishwasher

And my favorite object: a corkscrew.

I don't want to think about Janet and Mark. So, I thought of Madame France's baby. What is she going to call her baby? If it's a girl, maybe Marie-Cécile or Antoinette? If it's a boy, maybe Gaspard or Louis-Philippe?

Sunday, March 3rd

Today, I stayed in bed with Caramel. I cooked a cheese soufflé. I ate it in my bed thinking nobody wants to go to France with me.

I thought of Madame France too. Tomorrow, she will announce the big news!

Monday, March 4th

It was the last French class! All the students were there.

Terri brought a bouquet of blue, white and red flowers.

John came with a French music CD. But, there was no CD player.

Jo-Ann bought berets for everyone.

Sarah sang a song by Edith Piaf.

Janet and Mark brought a bottle of cider and a Camembert from Normandy.

Sandra made macarons.

And I offered a book to Madame France. It's a very useful book. The title is: The first nine months.

Madame France looked at me astonished. I put my hand on her arm and said, "I guessed right, didn't I?"

Terri raised her hand. She said, "Madame France, I have a somewhat personal question for you... How long have you been living in the United States?"

Madame France said, "I've been living in the United States for fourteen years."

Terri asked, "When you came to live in the United States, what were the things that surprised you?"

Madame France said, "I think the thing that surprised me the most was the size of American cars. American cars are much bigger than French cars. Second, maybe the portions of meals in restaurants. In France, the portions are smaller. Everyone finishes their meal. In the United States, you have to put some of the leftover food in a box and bring the box home."

Americans love to eat a lot. And for the last class, we, too, ate a lot. We ate bread, cheese and macarons. We drank cider and champagne. The champagne we won with our lottery numbers!

Madame France drank a big glass of champagne. I was very surprised. It was not very appropriate in her condition.

Madame France raised her second glass of champagne and said, "You have all been fantastic students. During these last weeks, you learned: the passé composé, the verb pouvoir and vouloir, the reflexive verbs ... Bravo to all of you! I am very proud of you! Bravo!"

The teacher ate a macaron and she said, "Last week, I told you about some big news, didn't I?"

Complete silence in the classroom...

She added, "Well, here is the big news ... I decided to organize a trip to Paris in June with my students."

We said, "A trip?"

She said, "Yes, a week-long trip to Paris! Who wants to come?"

Damn! I was very embarrassed about my book. But I was very happy to go to Paris with Madame France!

END

MERDE, FRENCH IS HARD... BUT FUN!

ABOUT THE AUTHOR

France Dubin lives in Austin, Texas. She has taught French for more than ten years to students of all ages.

Every year a few of her students ask her to read Le Petit Prince by Antoine de Saint-Exupéry. To be honest, she finds this book sometimes difficult to understand.

She decided to write the story of a student learning French, a book in easy French, so that her students could read their first book by themselves or with only a little help.

And while they read, she can daydream and eat dark chocolate.

She hopes you enjoy the book and would love to hear from her readers.

Her e-mail is francedubinauthor@gmail.com.

ABOUT THE ILLUSTRATOR

Zoe Dubin lives in Austin, Texas. Her work is made up of whimsical portraits and landscapes.

She draws deep inspiration from artists such as Claude Ponti, a French illustrator whose highly ornate children's books fascinated her during her childhood in France.

When she grows up, she wants to be a surgeon and use her steady hand to make people feel better. In the meantime, she hopes her work brings joy to people and make them feel better.

You can follow her on Instagram at @zoe.dubin.art.

Printed in France by Amazon
Brétigny-sur-Orge, FR